A scuola con la

Lavagna Interattiva Multimediale

GIUNTI

Progetto, cura del volume e introduzione

Giovanni Biondi
Direttore dell'Agenzia Nazionale per lo Sviluppo dell'Autonomia Scolastica

Autori dei contributi del presente volume:

Giunti Editore S.p.A.
Giuseppe Dino Baldi, Alessandro Campi

Ricercatori presso l'Agenzia Nazionale per lo Sviluppo dell'Autonomia Scolastica
Alessandra Anichini, Donata Baroni, Maria Bettini, Lorenzo Calistri, Loredana Camizzi, Giusy Cannella, Raffaella Carro, Laura Cortini, Silvia Dell'Acqua, Massimo Faggioli, Chiara Giunti, Serena Goracci, Lorenzo Guasti, Tania Iommi, Patrizia Lotti, Elettra Morini, Elena Mosa, Giuseppe Moscato, Paola Nencioni, Giovanni Nulli, Silvia Panzavolta, Laura Parigi, Francesca Rossi, Concetta Russo, Antonio Sofia, Francesca Storai, Valentina Toci, Leonardo Tosi

Docenti in servizio
Daniele Barca, Linda Guarino, Eva Pigliapoco, Palmira Ronchi, Ivan Sciapeconi, Enrico Sitta

Realizzazione editoriale
Redazione: Carlotta Cubeddu
Impaginazione e collaborazione redazionale: Studio Maddali e Bruni
Illustrazioni: Francesca Costa, Randy Glasbergen (vignette)

www.giuntiscuola.it

Prima edizione: novembre 2008

Ristampa	Anno
6 5 4 3 2 1 0	2011 2010 2009 2008

Stampato presso Giunti Industrie Grafiche S.p.A. - Stabilimento di Prato

RIFLESSIONE SULLA LIM

Fotografie

LORENZO CALISTRI E LORENZO GUASTI

Progetto e testi

ANTONIO SOFIA

Una mattina come tante.

Siamo alle solite?

A guardar bene… no.

Si direbbe proprio di no.

Questa è una Lavagna Interattiva.

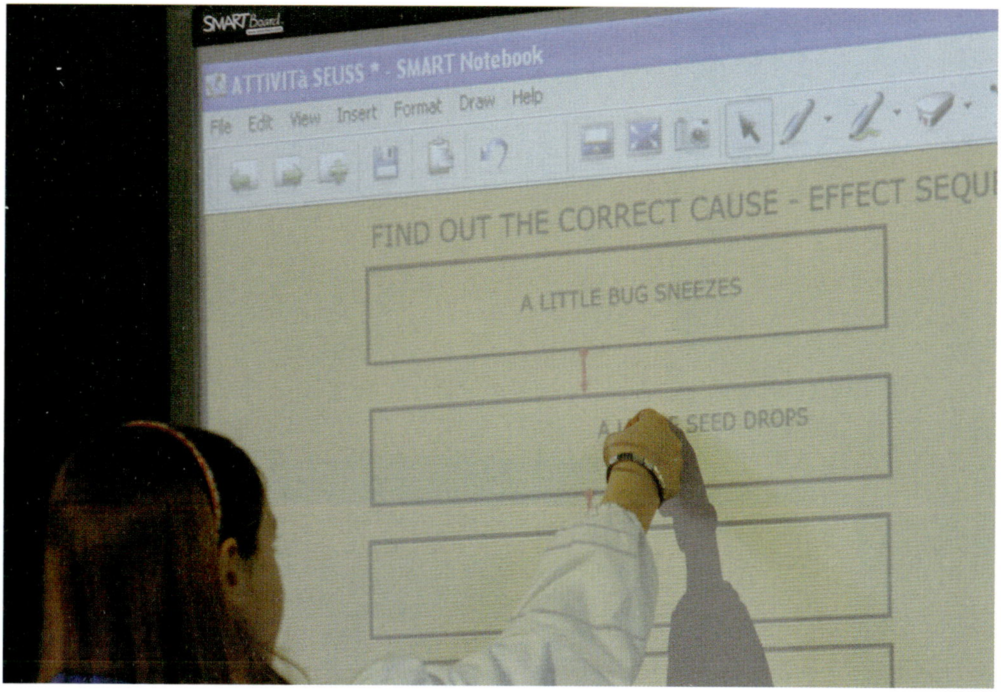

Un esercizio d'inglese, per cominciare.
Cause ed effetti.

«Questa la so io...»

«Anche io!»

Che stia cambiando qualcosa?

collaborare: v. coll

Un'introduzione e poi…
sotto a chi tocca!

Tanti modi di scrivere:
a mano libera, con la tastiera…

… o su una rete, contro le vertigini.

Il riparo delle vecchie abitudini…

«Ci siamo. Deve essere così.»

«Non c'è PROBLEMA!»

Il ciclo dell'acqua.
Variazioni sul tema.

L'interazione.
«Fammi capire. Fammi fare.»
Con la LIM…

… spostare, modificare
le immagini…

… dare un nome alle cose…

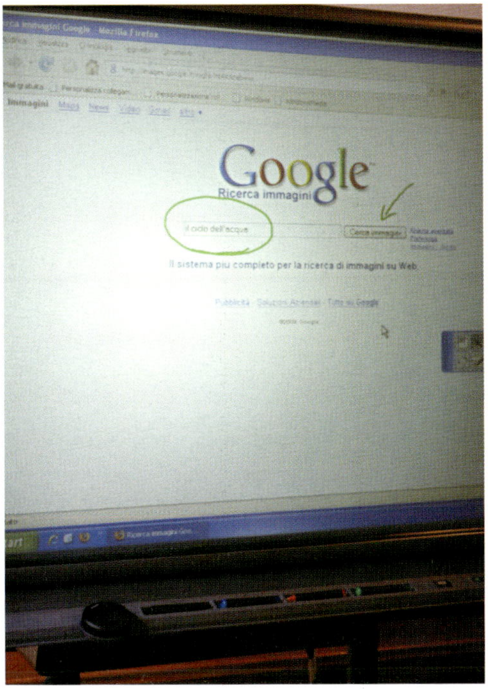

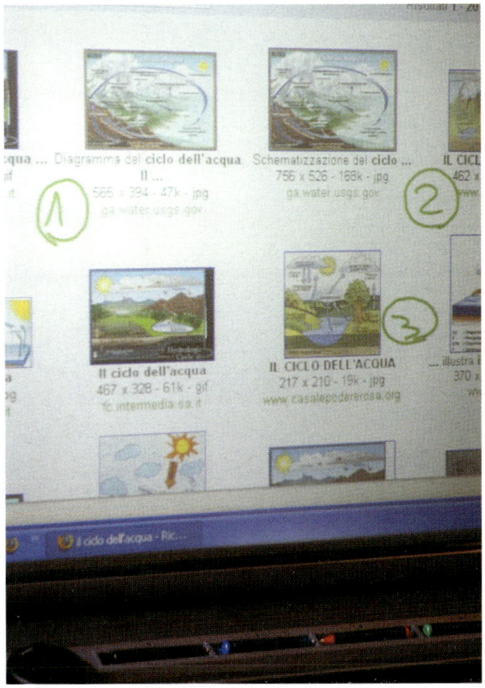

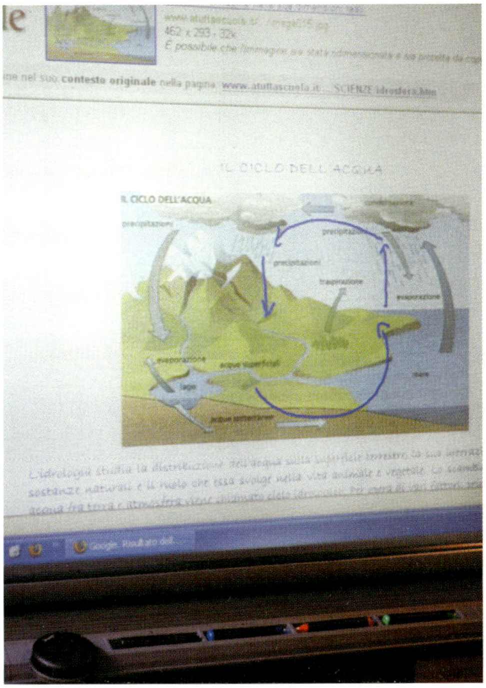

… cercare materiali in rete…

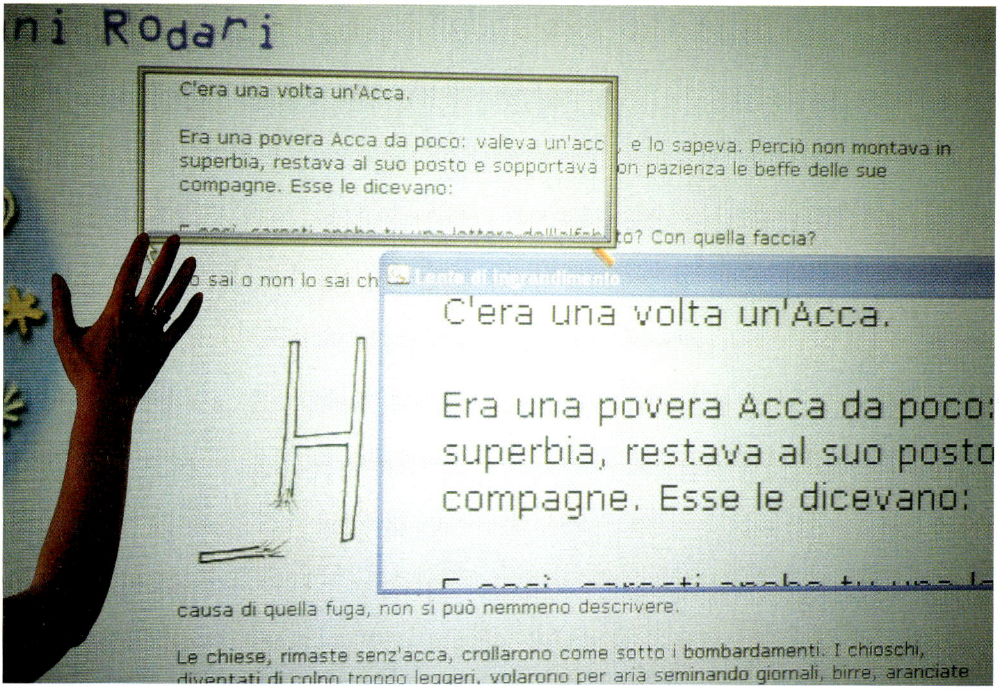

… evidenziare parte del testo…

… guardare un video…

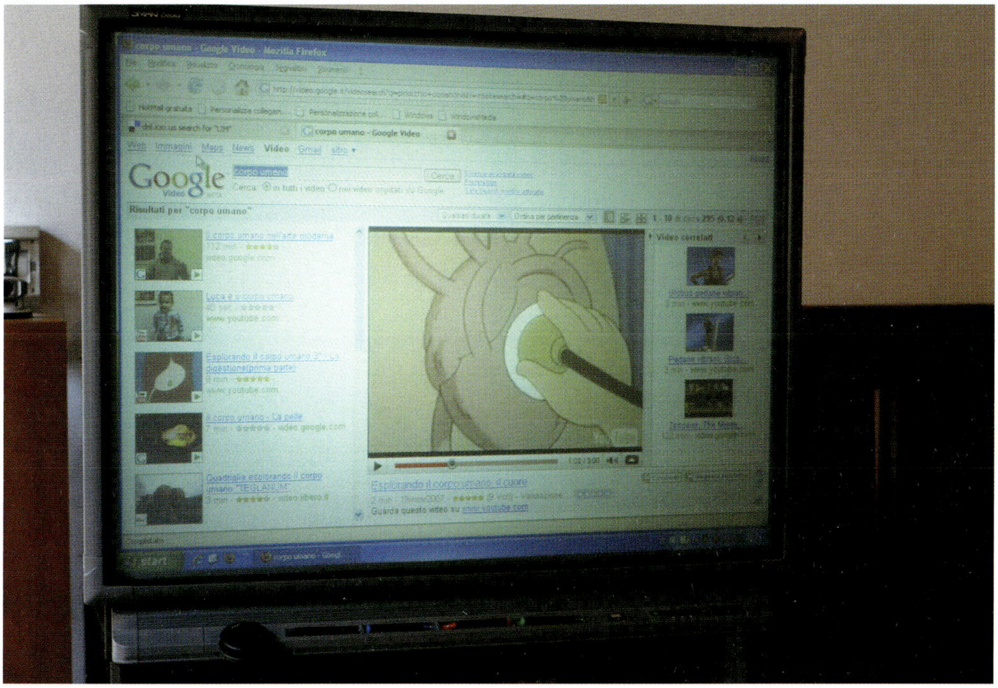

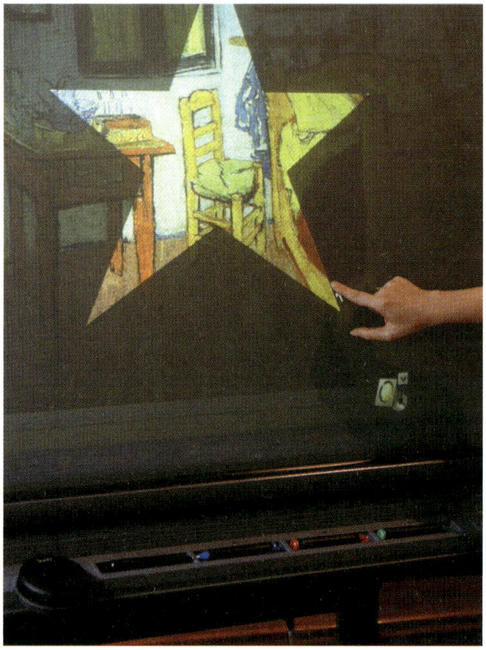

… esplorare un quadro…

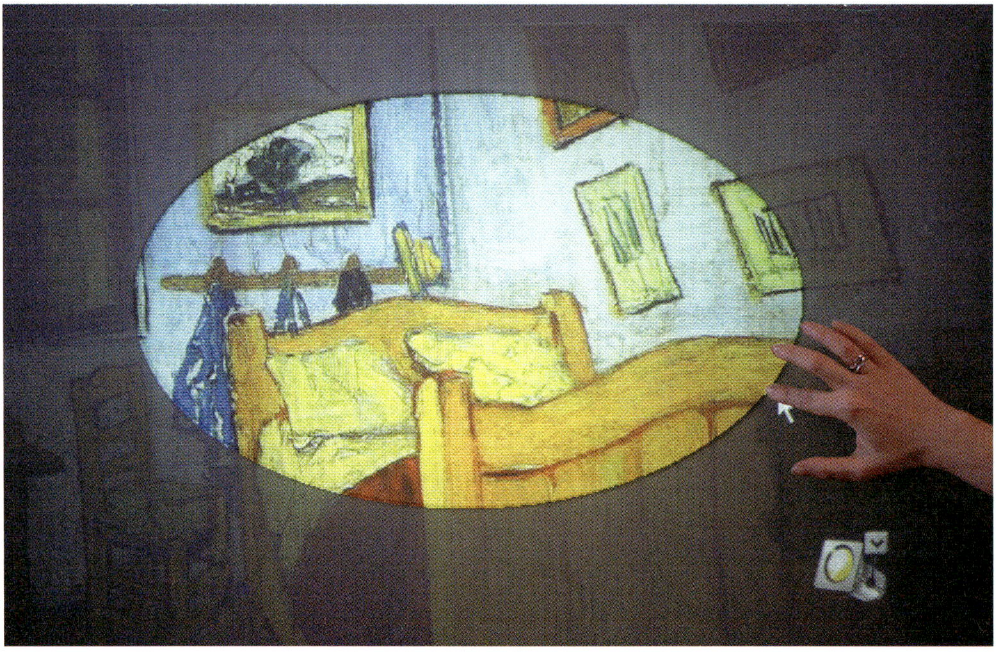

… o il mondo.

Scoprire insieme sempre qualcosa di nuovo.

RIFLESSIONE SULLA LIM

Introduzione

In classe con la lavagna interattiva multimediale

IN CLASSE
CON LA LAVAGNA INTERATTIVA MULTIMEDIALE

Giovanni Biondi

La LIM (Lavagna Interattiva Multimediale, in inglese *Interactive Whiteboard*) è apparentemente solo una "lavagna più moderna". Non richiede stravolgimenti nell'organizzazione dell'aula, si installa al muro accanto alla lavagna di ardesia e si integra immediatamente nell'ambiente della classe.
Gli insegnanti conoscono la lavagna da sempre. L'hanno vista usare dai loro docenti e, da studenti, hanno a loro volta copiato intere pagine di compiti e appunti pregando spesso i docenti di aspettare a cancellare per dare il tempo di finire di leggere e di trascrivere. È stata sempre usata come spazio a disposizione dell'insegnante per svolgere la lezione e condividere le conoscenze e come luogo dove lo studente è chiamato a "dimostrare le conoscenze acquisite".
Quell'invito "vieni alla lavagna", che nella nostra vita scolastica abbiamo tutti ricevuto, era, in un certo senso, il momento della verità, la dimostrazione di quello che avevamo studiato, capito, che sapevamo applicare o anche semplicemente disegnare. L'interrogazione orale, in fondo, consentiva qualche scappatoia, qualche giro di parole, mentre la lavagna era spesso senza scampo: immobile, muta e senza appigli. Visibile a tutti, era lo spazio del confronto e della comunicazione verso i docenti e verso i compagni e, nello stesso tempo, il luogo per eccellenza delle dimostrazioni.

FIGURA 1 – *Albert Einstein alla lavagna di ardesia.*
(Fonte DIA – Banca dati immagini dell'Agenzia Nazionale per lo Sviluppo dell'Autonomia Scolastica)

FIGURA 2 – *Lezione di scienze alla lavagna di ardesia.*
(Fonte DIA – Banca dati immagini dell'Agenzia Nazionale per lo Sviluppo dell'Autonomia Scolastica)

È naturale poi che quando siamo diventati insegnanti la lavagna sia stato il primo strumento di lavoro e di comunicazione. Spesso l'unico spazio dove, impolverati di gesso, abbiamo faticato a descrivere, disegnare, sottolineare, cancellare frasi e figure, l'unico aiuto per cercare di dare forma ai concetti ed efficacia alle parole.
La lavagna è stata la finestra verso un mondo che si chiedeva agli studenti di immaginare, che si poteva solo tratteggiare disegnando, ad esempio, pianeti e orbite che non prendevano movimento, ma rimanevano piatti e approssimativi con i loro contorni bianchi e le loro proporzioni solo accennate. L'immaginazione doveva fare il resto.
E poi i versi delle poesie cancellati in tutta fretta per lasciare il posto alle equazioni dell'ora successiva. La lavagna doveva rimanere sempre "libera", non poteva conservare memoria di quello che era accaduto sulla sua superficie e nella classe accanto ci aspettava di nuovo una lavagna nera su cui ricominciare daccapo a scrivere, sottolineare, disegnare, tracciare curve e parabole o ricordare versi, parole, nomi e date.
Sulla lavagna, l'insegnante compie una continua opera di ri-mediazione delle conoscenze (vedi riquadro alla pagina accanto), seguendo la traccia del manuale scolastico o comunque di un altro testo nel quale le conoscenze (frutto di esperimenti, osservazioni dirette e scoperte) sono a loro volta descritte in modo più o meno chiaro e nel quale gli avvenimenti, i fatti e i personaggi sono raccontati con l'aiuto di illustrazioni o fotografie (FIG. 3).

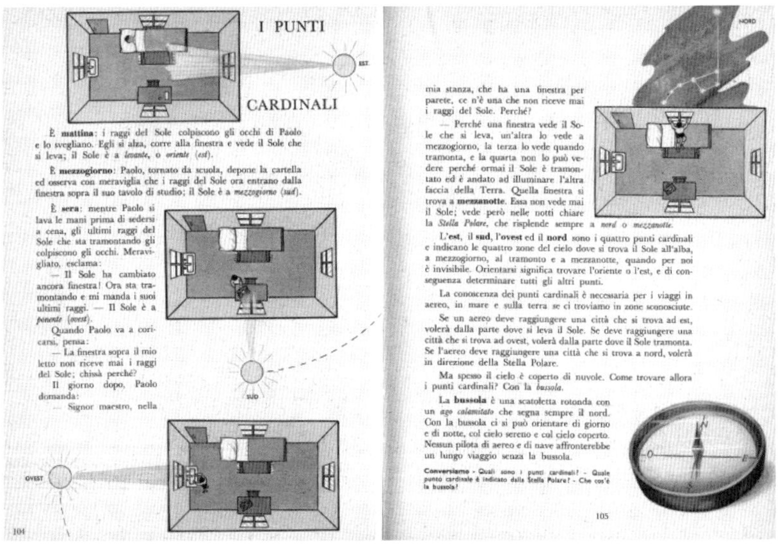
I PUNTI CARDINALI

È **mattina**: i raggi del Sole colpiscono gli occhi di Paolo e lo svegliano. Egli si alza, corre alla finestra e vede il Sole che si leva; il Sole è a *levante*, o *oriente* (*est*).

È **mezzogiorno**: Paolo, tornato da scuola, depone la cartella ed osserva con meraviglia che i raggi del Sole ora entrano dalla finestra sopra il suo tavolo di studio; il Sole è a *mezzogiorno* (*sud*).

È **sera**: mentre Paolo si lava le mani prima di sedersi a cena, gli ultimi raggi del Sole che sta tramontando gli colpiscono gli occhi. Meravigliato, esclama:

— Il Sole ha cambiato ancora finestra! Ora sta tramontando e mi manda i suoi ultimi raggi. — Il Sole è a *ponente* (*ovest*).

Quando Paolo va a coricarsi, pensa:

— La finestra sopra il mio letto non riceve mai i raggi del Sole; chissà perché?

Il giorno dopo, Paolo domanda:

— Signor maestro, nella mia stanza, che ha una finestra per parete, ce n'è una che non riceve mai i raggi del Sole. Perché?

— Perché una finestra vede il Sole che si leva, un'altra lo vede a mezzogiorno, la terza lo vede quando tramonta, e la quarta non lo può vedere perché ormai il Sole è tramontato ed è andato ad illuminare l'altra faccia della Terra. Quella finestra si trova a **mezzanotte**. Essa non vede mai il Sole; vede però nelle notti chiare la *Stella Polare*, che risplende sempre a *nord* o *mezzanotte*.

L'**est**, il **sud**, l'**ovest** ed il **nord** sono i quattro punti cardinali e indicano le quattro zone del cielo dove si trova il Sole all'alba, a mezzogiorno, al tramonto e a mezzanotte, quando per noi è invisibile. Orientarsi significa trovare l'oriente o l'est, e di conseguenza determinare tutti gli altri punti.

La conoscenza dei punti cardinali è necessaria per i viaggi in aereo, in mare e sulla terra se ci troviamo in zone sconosciute.

Se un aereo deve raggiungere una città che si trova ad est, volerà dalla parte dove si leva il Sole. Se deve raggiungere una città che si trova ad ovest, volerà dalla parte dove il Sole tramonta. Se l'aereo deve raggiungere una città che si trova a nord, volerà in direzione della Stella Polare.

Ma spesso il cielo è coperto di nuvole. Come trovare allora i punti cardinali? Con la *bussola*.

La **bussola** è una scatoletta rotonda con un *ago calamitato* che segna sempre il nord. Con la bussola ci si può orientare di giorno e di notte, col cielo sereno e col cielo coperto. Nessun pilota di aereo e di nave affronterebbe un lungo viaggio senza la bussola.

Conversiamo - Quali sono i punti cardinali? - Quale punto cardinale è indicato dalla Stella Polare? - Che cos'è la bussola?

104 105

FIGURA 3 – *Illustrazioni e testo dalla pagina di un sussidiario. (Fonte DIA – Banca dati immagini dell'Agenzia Nazionale per lo Sviluppo dell'Autonomia Scolastica)*

Questa continua opera di ri-mediazione, fatta a sua volta con parole scritte, schemi e disegni, avviene quotidianamente nelle nostre aule. Tuttavia, gli insegnanti che raccontano, sintetizzano e spiegano attraverso la lavagna parlano lo stesso linguaggio scritto del libro al quale si riferiscono. Essi seguono la logica dei processi, dei risultati e degli esperimenti descritti nei libri, per poi rimandare comunque al testo da studiare.
Non è un caso che la lavagna rappresenti, assieme ai quaderni, ai libri, ai banchi e alle carte geografiche, uno dei caratteri distintivi dell'aula scolastica; uno dei simboli della longevità di questo "ambiente di apprendimento" che è la scuola, che ha conservato intatti per centinaia di anni la sua scenografia e i suoi strumenti di comunicazione e trasmissione del sapere.

MEDIAZIONE E RI-MEDIAZIONE

Gli strumenti attraverso i quali comunichiamo influenzano e modellano i nostri messaggi. La scrittura, le immagini o i filmati non operano una semplice trasmissione di informazioni, ma contribuiscono a elaborare una rappresentazione della realtà e la costruzione di un significato proprio attraverso i vincoli e le potenzialità del medium.
Quando il processo di mediazione operato da uno strumento di comunicazione è riprodotto attraverso il ricorso a un medium diverso si ha una ri-mediazione, ovvero una riconfigurazione della rappresentazione e del suo significato in funzione delle caratteristiche dello strumento utilizzato. Secondo David Bolter e Richard Grusin, autori di *Remediation: Understanding New Media*, ogni nuovo strumento di comunicazione attraversa una fase di ri-mediazione nel corso della quale deriva i suoi criteri estetici e culturali da "vecchi" media: la fotografia, ad esempio, ha a lungo tempo ri-mediato la rappresentazione pittorica, così come il film ha riprodotto le caratteristiche della rappresentazione teatrale.
Anche la scuola opera molte ri-mediazioni: "Dalla Filosofia (sintesi di pensieri, nemmeno di opere, irraggiungibili da parte degli studenti) all'Arte, alle Scienze, alla Storia, si lavora su riassunti, estratti, sintesi, rifacimenti; sempre e comunque traduzioni. Gli originali sono lontanissimi, nemmeno intravisti; il problema non viene posto. [...] Dei testi originali, appunto, poco si sa, spesso nemmeno esistono, esistono le sillogi, le antologie, i commenti. Il tutto assemblato da una sceneggiatura madre che sono i programmi ministeriali, e da infinite sceneggiature figlie che sono i percorsi didattici scelti da ogni docente" (Toschi 2004)

La scuola "disconnessa"

"[...]Se una macchina del tempo consentisse a un nostro antenato, per esempio un abitante della fine '800, di trascorrere una giornata nella nostra epoca e di visitare una delle nostre grandi città, certamente non riconoscerebbe quasi niente: gli ambienti della vita quotidiana sono, infatti, profondamente mutati..." (Biondi, 2007). Basti pensare alle banche che all'epoca conservavano il denaro e che oggi gestiscono le informazioni sul denaro, rendendo possibili operazioni da qualunque luogo e in qualunque orario con il solo collegamento alla Rete. Oppure si pensi alle fabbriche, dove file di robot hanno reso automatiche operazioni per svolgere le quali si erano svuotate le campagne e creati i quartieri operai delle nostre città proprio alla fine dell'800.

Tutto si è trasformato secondo una "logica digitale" che ha reso ogni informazione riutilizzabile, memorizzabile, trasferibile. Eppure se il nostro antenato atterrasse in un'aula, con i suoi banchi, la cattedra e la lavagna, capirebbe certamente di trovarsi in una scuola: "uno degli ambienti che ha subito minori cambiamenti". Questa continuità sorprendente appare sempre più un elemento di arretratezza di fronte alla trasformazione delle modalità di rappresentazione e diffusione della conoscenza. La "disconnessione" tra la scuola e le nuove generazioni si realizza soprattutto sul piano dei linguaggi. I *digital native* (vedi pagina accanto) che abitano le stesse classi e siedono sugli stessi banchi di una volta, fuori dall'aula vivono immersi in un mondo multimediale, interagiscono con realtà virtuali e apprendono in un ambiente completamente diverso da quello della scuola. Ma tutto quanto avviene fuori dalle aule scolastiche appare piuttosto un gioco senza costrutto e si obietta che sarebbe meglio se i bambini passassero più tempo a leggere libri piuttosto che davanti ai videogiochi. A scuola si fanno le cose serie e quello che avviene fuori sono attività didatticamente di scarsa rilevanza. I nuovi media appaiono, in genere, inutili e forse dannosi.

Come ricordava Marshall McLuhan, sociologo canadese che tra i primi si è occupato del rapporto tra i mezzi di comunicazione e i processi di elaborazione della conoscenza, non dobbiamo sorprenderci che "i nuovi media di qualsiasi periodo siano catalogati come 'pseudo' da coloro che hanno assorbito i modelli dei media precedenti". La nostra generazione, quella degli insegnanti, fatica a capire le potenzialità delle nuove tecnologie. Ne comprende la comodità (è certamente più facile fare certe operazioni con il computer piuttosto che a mano), ma non ne coglie il potenziale. E così i nuovi media, catalogati frettolosamente come "pseudo" e le nuove tecnologie didattiche, viste in fondo con sospetto, restano fuori dal-

l'aula scolastica, confinate in un'area speciale del curricolo, quella dell'informatica, o in un laboratorio (quello di informatica) dove il computer "predica se stesso".
Non è un caso che per le nuove tecnologie didattiche si pensi a un insegnante "speciale" e/o addirittura a una patente per poterle "guidare". La certificazione ECDL-base (la Patente Europea dell'Informatica), se nel mondo economico-produttivo ha fatto in mo-

Digital native

L'espressione *digital natives*, letteralmente "nativi digitali", è stata coniata da Marc Prensky, scrittore statunitense e ideatore di videogiochi didattici, per riferirsi alle generazioni nate dopo l'avvento delle tecnologie digitali.
Secondo Prensky, i "nativi digitali" si destreggiano con naturalezza tra computer, telefoni cellulari e Internet e padroneggiano i nuovi linguaggi della comunicazione proprio come una popolazione indigena nel suo ambiente originario: raccolgono informazioni da molte fonti differenti e le elaborano rapidamente, prediligendo i video e le immagini alla fruizione dei testi e organizzando la conoscenza in connessioni reticolari anziché in sequenza.
In opposizione ai *digital native*, Prensky definisce *digital immigrant* (immigranti digitali) le generazioni che hanno appreso in età adulta a utilizzare le tecnologie digitali. Gli immigranti, abituati a lavorare su carta e non sullo schermo, adattano i loro comportamenti acquisiti al nuovo ambiente digitale: ad esempio stampano documenti digitati al computer per revisionarli oppure telefonano al destinatario di una mail per avere conferma della ricezione. La generazione degli immigranti preferisce avere poche fonti di informazione selezionate, da elaborare in sequenza, e privilegia il testo scritto utilizzando immagini e video solo come complemento.
Secondo Prensky, la tecnologia digitale ha prodotto una forte discontinuità, un gap generazionale che non è circoscritto solo al gergo o alle mode, come spesso è avvenuto in passato, ma riguarda i processi di pensiero e di elaborazione dell'informazione. In ambito educativo, le differenze tra *digital native* e *immigrant* rappresentano un problema da risolvere: gli insegnanti, in grande maggioranza "immigranti", hanno difficoltà a comunicare con gli studenti, a riconoscere e comprendere comportamenti e processi cognitivi nuovi e applicano, nella didattica e nella valutazione, criteri tradizionali che non prendono in considerazione le abilità necessarie per vivere in un "mondo digitale"[1].

[1] Per approfondimenti: M. Prensky, *Digital Natives, Digital Immigrants*, in «On the Horizon», MCB University Press, Vol. 9 No. 5, October 2001. L'articolo è disponibile in lettura anche sul sito www.marcprensky.com.

do di diffondere trasversalmente le conoscenze di base sull'uso del computer, nella scuola ha però contribuito ad allontanare le tecnologie dalla pratica quotidiana, a causa del valore che essa ha assunto come certificazione delle competenze informatiche ritenute necessarie per gli insegnanti.

La Patente Europea di Informatica

La Patente Europea di Informatica (ECDL-base) certifica un corpo di competenze di base articolato in sette moduli:

1. *concetti teorici di base*, modulo che riguarda le conoscenze di base sul funzionamento del computer e delle reti;
2. *uso del computer e gestione dei file*, nel quale sono verificate le competenze relative all'uso del sistema operativo, alla creazione, al salvataggio, all'organizzazione e alla stampa di file;
3. *elaborazione testi*, sull'utilizzo dei programmi di videoscrittura;
4. *foglio elettronico*, per l'impiego dei fogli di calcolo e l'elaborazione di dati;
5. *basi di dati*, che riguardano le competenze circa l'organizzazione e il recupero di informazioni da una base di dati;
6. *strumenti di presentazione*, per la creazione di presentazioni multimediali;
7. *reti informatiche*, circa l'uso delle reti per comunicare e cercare informazioni.

Nella scuola, il presupposto che sta dietro a questa certificazione, volutamente simile al processo di acquisizione della patente di guida, dimostra tutta la sua inadeguatezza.
Così come non si richiede più a chi guida un'auto di riconoscere le parti del motore (non fosse altro perché è impossibile diagnosticarne i guasti senza collegarlo a un computer), allo stesso modo la conoscenza di tutte le funzionalità di un word processor non è essenziale, né preliminare (prima di poter guidare occorre prendere la patente) all'acquisizione delle competenze digitali che consentano agli insegnanti di fare scuola ai *digital native*. La convinzione che queste nozioni siano la base che permette a un insegnante di superare il *digital divide* continua a essere semplicistica e lontana dalla verità.
Non è un caso, neppure, che il computer sia stato collocato in un'aula speciale, un laboratorio fuori dalla pratica educativa quotidiana che si svolge, invece, nella classe. La disponibilità di laboratori di Fisica, Chimica, Biologia rappresenta certamente un elemento importante per accrescere l'interesse dei giovani verso alcune materie. Per appassionare gli studenti allo studio delle Scienze, ad esempio, è indispensabile che esse non siano studiate esclusivamente sui libri, attraverso i quali si rischia un apprendimento astratto che rende la materia difficile e distante. Eppure, tra i molti laboratori da

costruire ce n'è uno da demolire: quello così detto di informatica (o più semplicemente l'aula dove sono installati i computer). Occorre superare l'idea che le nuove tecnologie rappresentino una materia a sé (l'Informatica) o siano legate allo sviluppo di abilità strumentali. La proliferazione di innovazioni tecnologiche, ma soprattutto la crescente interconnessione dei linguaggi e la differenziazione dei contenuti digitali, disegnano uno scenario che vede i *digital native* passare disinvoltamente dall'uno all'altro senza leggere quei manuali invece attentamente consultati dai *digital immigrant* alla ricerca di un'abilitazione alla guida sempre più impossibile da raggiungere.

La LIM apre la porta dell'aula ai nuovi media

La LIM è una tecnologia che non sembra rivoluzionare, ma semplicemente innovare uno strumento usato quotidianamente dall'insegnante. Non genera azioni di rigetto, si integra nella classe e non richiede "patenti". Il suo uso è immediato: si può scrivere da subito, anche a colori, finalmente senza sporcarsi di gesso.

I New Millennium Learner

Il gap generazionale delineato da Prensky è uno dei temi all'attenzione dell'OCSE (Organizzazione per la Cooperazione e lo Sviluppo Economico) che nel 2006 ha pubblicato *The New Millennium Learners: Challenging our Views on ICT and Learning*, un rapporto nel quale sono analizzati i *digital native* come soggetti in formazione e sono individuati i processi di innovazione che la scuola dovrebbe attuare per preparare i giovani a vivere nella società della conoscenza.

I *New Millennium Learner* sono nati a partire dagli anni '80 del secolo scorso: a differenza delle generazioni precedenti, gran parte di questi studenti dispongono di computer e connessione Internet a casa e spesso imparano a utilizzare questi strumenti senza la mediazione della scuola. La confidenza con le tecnologie li rende inclini ad apprendere in autonomia e a considerare i media come strumenti per creare contenuti, oltre che per fruirli. Ripensare la scuola per i *millennial*, secondo il rapporto OCSE, richiede un intervento articolato. È necessario, in primo luogo, adeguare le infrastrutture, in modo da rendere disponibili all'interno degli edifici scolastici gli strumenti che gli studenti usano abitualmente fuori dalla scuola. Occorre, inoltre, riprogettare il contesto, creando un ambiente e un'organizzazione didattica meno rigidi, pronti ad accogliere attività didattiche alternative a quelle tradizionali. Il curricolo può essere ripensato per integrare le competenze e le conoscenze dei *millennial*. Occorre, infine, porre maggiore attenzione alla relazione tra tecnologie digitali e processi di apprendimento[1].

[1] Per approfondimenti: il rapporto OCSE è disponibile in lettura all'indirizzo Internet http://www.oecd.org/dataoecd/1/1/38358359.pdf

La nuova lavagna è una tecnologia dall'"apparenza innocente", introdotta nel cuore della pratica educativa senza scossoni iniziali, portatrice di nuove e semplici funzioni.
In realtà, la LIM è un moderno "cavallo di Troia" dal quale usciranno piano piano, uno alla volta, tanti elementi in grado di trasformare alcuni capisaldi della comunicazione, dell'organizzazione didattica e dell'azione di ri-mediazione condotta dall'insegnante. Elementi che potranno aprire la porta dell'aula ai nuovi linguaggi, che potranno far entrare suoni e colori, immagini e filmati, interazioni e simulazioni, per valorizzare le "intelligenze multiple" (Gardner, 1994) dei *New Millennium Learner* (vedi riquadro alla pagina precedente).
Per prima cosa si scopre che ciò che "avviene" sulla superficie della LIM non deve essere cancellato, ma può essere salvato. Il passaggio dall'ardesia alla LIM è simile a quello dalla macchina da scrivere, che in caso di errore ci costringeva a buttare intere pagine cumulando fogli appallottolati vicino al cestino della carta, ai programmi di video-scrittura sul computer: non occorre ricominciare sempre daccapo.
Con la LIM non è più necessario chiedere agli studenti di fare uno sforzo di immaginazione in una lezione sui pianeti e le loro orbite. È possibile vederli, i pianeti e le loro orbite, utilizzando un filmato o un'animazione. Si può "entrare", con la stessa facilità, in una cellula, in un batterio. Si può dare concretezza alla diversità delle condizioni di vita del Medioevo attraverso una ricostruzione filmata, un dipinto, una miniatura, un codice, oppure analizzare, attraverso una simulazione, una nave romana che entra dentro una città etrusca. O ancora, si può utilizzare un brano di Verdi insieme ai dipinti delle grandi battaglie del Risorgimento; ascoltare le trasmissioni di Radio Londra per dare una voce ai tanti personaggi dei libri di storia. Uno scenario dinamico che richiede il coinvolgimento anche degli studenti e che soprattutto privilegia un uso diretto delle diverse fonti.

Ri-mediare la scuola con la lavagna digitale

L'opera di ri-mediazione dell'insegnante non si limita più a interfacciarsi con uno o più libri che "parlano di ...", ma acquista nuove dimensioni, usa linguaggi capaci di offrire stimoli e forme concrete agli occhi e alla mente degli studenti. Si apre uno scenario all'interno del quale si possono usare le fonti, lavorare con le forme e gli oggetti, simulare e fare quegli esperimenti di cui finora abbiamo potuto solo descrivere i processi e i risultati. In prospettiva, la

LIM può diventare una vera e propria superficie dove organizzare, scomporre e costruire le conoscenze, utilizzando non più solo la dimensione narrativa e descrittiva del libro, ma la pluralità dei nuovi linguaggi. In questo modo si possono sostenere e facilitare i processi di apprendimento, come i *digital native* hanno ben compreso, da soli e senza patenti.
Su questa nuova lavagna, gli studenti ritrovano i propri linguaggi, i propri "amici" (ricordiamoci che il computer per i ragazzi è un amico), e accolgono diversamente anche l'invito "vieni alla lavagna". Alla lavagna digitale, magari, si viene con la propria chiavetta USB, con i compiti salvati, con elementi utili alle dimostrazioni, con frasi sottolineate e con rimandi ipertestuali da espandere in una mappa concettuale. Ci si viene per motivare e spiegare ciò che si è costruito, oppure per integrare il proprio lavoro con quello dei compagni, in una dimensione individuale e insieme sociale del lavoro in classe.
Tutto questo avviene per effetto della LIM? Non si sarebbe potuto usare semplicemente un videoproiettore collegato al computer dato che poi, alla fine, è quest'ultimo il vero protagonista della scena? È una domanda tipica dei *digital immigrant*, ossia di chi ha "assorbito" i modelli dei precedenti media ed è perciò portato a classificare come "pseudo" tutti quelli che vengono dopo. Una domanda che trova risposta non solo dopo qualche ora di utilizzo della LIM, ma anche nella breve storia delle ICT (Information and Communication Technology) nella scuola: videoproiettori e computer ci sono da anni nella scuola, eppure sono rimasti fuori dalla porta dell'aula. La LIM, invece, può aprire questa porta.
Non siamo, quindi, di fronte a una tecnologia rivoluzionaria e neppure a un oggetto ad alto valore aggiunto in termini di soluzioni hardware e software adottate, generalmente piuttosto semplici. Ci troviamo davanti, invece, a una tecnologia la cui fortuna deriva e deriverà proprio dalla facilità d'uso e dalla capacità di immediata integrazione all'interno di un ambiente di apprendimento, quello dell'aula, destinato comunque a trasformarsi radicalmente nei prossimi anni.

BIBLIO-SITOGRAFIA - *introduzione*

Biondi G., *La scuola dopo le nuove tecnologie*, Apogeo, Milano, 2007.

Bolter D., Grusin R., *Remediation: Understanding New Media*, Mit Press, 2000.

Gardner H., *Intelligenze multiple*, Anabasi, Milano, 1994.

Prensky M., *Digital Natives, Digital Immigrants*, in «On the Horizon», MCB University Press, Vol. 9 No. 5, October 2001, http://www.marcprensky.com.

Rapporto OCSE, *The New Millennium Learners: Challenging our Views on ICT and Learning*, http://www.oecd.org/dataoecd/1/1/38358359.pdf.

Toschi L., *La scuola come medium*, in E. Cheli, M. Morcellini (a cura di), *La centralità sociale della comunicazione*, Franco Angeli, Milano, 2004.

Capitolo 1

UNA LAVAGNA PER INNOVARE LA DIDATTICA

1.1 LA LAVAGNA DIVENTA DIGITALE – L. Parigi

1.2 LA LAVAGNA DIGITALE NELLO SPAZIO FISICO ED EDUCATIVO – M. Faggioli

1.3 INTEGRARE VECCHI E NUOVI LINGUAGGI – E. Mosa

BIBLIO-SITOGRAFIA

«Non ci sono icone da cliccare. Su questa lavagna devi usare il gesso.»

INTRODUZIONE

La lavagna è sempre stata presente nelle nostre classi: senza una lavagna alla parete la classe apparirebbe subito "vuota". Adesso è diventata digitale, ha cambiato non solo forma ma anche sostanza, permettendoci di fare cose che quella di ardesia non poteva consentire, aprendo la strada a modalità di insegnamento e apprendimento più adeguate ai linguaggi che si parlano fuori dalla scuola.
In questo capitolo cercheremo di osservarla da *tre punti di vista*:

- come oggetto in sé, descrivendo le sue caratteristiche e le sue peculiarità;
- come tecnologia nata e pensata per la scuola, per occupare il centro dello spazio fisico e socio-educativo;
- come elemento in grado di integrare vecchi e nuovi linguaggi, quelli della scuola e quelli della società multimediale in cui viviamo.

Negli ultimi anni molte tecnologie hanno cercato di entrare nella scuola, con risultati spesso scadenti o inferiori alle attese. La lavagna digitale è la chiave per aprire la porta dell'aula e fare entrare le ICT (*Information and Communication Technology*) nella pratica educativa: vediamo come e perché.

1.1 LA LAVAGNA DIVENTA DIGITALE

Laura Parigi

Anche la lavagna di ardesia è stata ai suoi tempi una nuova tecnologia. Quello che oggi ci appare come un vero e proprio "ferro del mestiere" dell'insegnante e una delle componenti imprescindibili dell'aula, poco meno di due secoli fa fu accolto come un'innovazione in grado di rivoluzionare la didattica. Secondo le testimonianze dell'epoca[1], la lavagna di ardesia avrebbe permesso di "scrivere per tutti", risparmiando il tempo speso a dettare e copiare nozioni ed esercizi su quaderni e tavolette, e sarebbe potuta diventare lo spazio comune per condividere i contenuti della lezione, illustrare esempi, dare definizioni, chiarire concetti, sostenere verifiche. In qualità di "tecnologia didattica", la lavagna suscitò l'entusiasmo di pedagogisti e insegnanti che la considerarono uno strumento indispensabile per "fare scuola", al pari di libri, banchi, matite e quaderni, e ne auspicarono l'adozione dapprima in ogni scuola e poi in ogni classe. Un auspicio, questo, che è divenuto realtà nell'arco di pochi decenni e che nel tempo ha mantenuto le sue promesse, riconoscendo all'ardesia tutte le qualità di una "tecnologia didattica" efficace.

LA LAVAGNA DIGITALE

A distanza di molti anni e dopo che altre tecnologie hanno tentato il loro ingresso nelle aule scolastiche con alterne fortune, è ancora una lavagna a suscitare l'interesse, le aspettative e gli auspici che un tempo sono stati riservati all'ardesia: la Lavagna Interattiva Multimediale (LIM) o lavagna digitale. Si tratta, questa volta, di uno schermo di grandi dimensioni sul quale non solo è possibile scrivere come sull'ardesia, ma anche mostrare testi, immagini, animazioni, filmati e software didattici, con la possibilità di manipolare gli oggetti, organizzare e categorizzare i concetti, associare tra loro le varie forme di rappresentazione della conoscenza.
In commercio dai primi anni '90 del secolo scorso, questa tecnologia si è diffusa rapidamente nelle scuole di alcuni paesi, come Stati Uniti, Canada, Gran Bretagna e Messico. Dalla letteratura scientifica e dalla documentazione sulle pratiche d'uso emerge come la lavagna digitale sia un efficace strumento per l'integrazione delle tecnologie digitali e non, in grado di "rimodernare" l'aula scolastica. Aula scolastica che sta diventando sempre più un luogo di convergenza tra gli abituali strumenti didattici (libri, carta, penne, gessi) e i linguaggi dei nuovi media (sms, e-mail, blog, forum, chat, ...) ormai parte integrante delle attività quotidiane degli studenti fuori dalla scuola (Red.es, 2006; Becta, 2003).

---

[1] Notes on the *History of Math Teaching and Math Book*, http://www.pballew.net/mathbooks.html, consultato il 12 febbraio 2008.

A differenza di altri strumenti, come ad esempio il personal computer, la LIM è una tecnologia "a misura di scuola", progettata per essere posizionata nello spazio occupato fino a oggi dalla lavagna di ardesia. È una tecnologia pensata per fare didattica nel gruppo classe (come l'ardesia) e assicura una transizione graduale dall'aula tradizionale a un ambiente multimediale interattivo, riducendo le "crisi di rigetto" anche negli insegnanti meno motivati all'uso delle nuove tecnologie (Glover, 2001).
Considerata uno strumento versatile, adatto a tutti gli ambiti disciplinari e ai diversi gradi scolastici (Marques Graells, 2005; Red.es, 2006), la LIM ha fatto registrare, nell'ambito dell'esperienza dei docenti che l'hanno adottata, effetti positivi sull'attenzione, la motivazione e il coinvolgimento degli studenti grazie alla sua capacità di "movimentare i saperi" nel processo didattico (Smith *et alii*, 2005). Essa sembra favorire la trasformazione della lezione trasmissiva, basata sulla comunicazione verbale orale e scritta, in una costruzione cooperativa delle conoscenze che si avvale della comunicazione visiva e dell'interattività per sviluppare l'apprendimento attivo (Glover, 2007) e andare incontro ai diversi stili cognitivi.

COS'È E COME FUNZIONA

Ma, concretamente, cos'è e come funziona questa tecnologia che promette di innovare la didattica e la comunicazione in classe?
La lavagna digitale è un dispositivo informatico che trasforma un normale personal computer nel computer di tutta la classe. È una *periferica*, come il mouse, la tastiera o la stampante, e consente di riprodurre contenuti e applicazioni accessibili da un computer su una superficie di grandi dimensioni (FIG. 1).

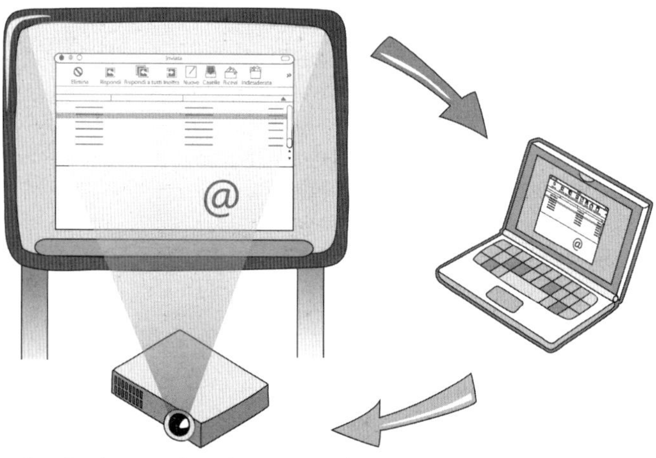

FIGURA 1 – *La lavagna digitale è una periferica del computer. Per funzionare deve essere collegata a un computer a sua volta connesso a un videoproiettore.*

Procedendo per piccoli passi, proviamo a familiarizzare con questa nuova tecnologia iniziando a vederne l'uso come strumento per potenziare l'esposizione del docente e rendere più attraente la lezione frontale. Passeremo poi a descrivere l'utilizzo della LIM in attività collaborative o di tipo laboratoriale, dove la lavagna si trasforma da "strumento per insegnare" nelle mani dell'insegnante a "strumento per apprendere" nelle mani degli alunni (Miller e Glover, 2007).

UNA SUPERFICIE INTERATTIVA

La lavagna digitale è una superficie interattiva: i contenuti che vi sono visualizzati non sono semplici proiezioni da guardare passivamente, ma "oggetti attivi" che possono essere cliccati, editati, spostati e trasformati (come su un normale computer) operando direttamente sulla sua superficie (FIG. 2).

FIGURA 2 – *Sulla lavagna digitale i contenuti visualizzati sono oggetti attivi che possono essere utilizzati "toccando" la superficie con un dito o con una penna.*

La modalità di interazione con la lavagna digitale dipende dalla tecnologia con la quale essa è costruita. Su alcune lavagne è possibile interagire esercitando una leggera pressione sulla superficie con il dito. Su altre lavagne, ad esempio quelle che utilizzano la tecnologia elettromagnetica, l'interazione avviene con un dispositivo a forma di penna (stilo) che può essere alimentato a batteria oppure *passivo*, cioè privo di alimentazione (le due modalità di interazione possono anche convivere all'interno della stessa lavagna).

Dalla scrittura "bianco su nero" alla multimedialità

Questa nuova lavagna coniuga le potenzialità della tecnologia informatica con la "forma fisica" e con la vocazione originaria della lavagna di ardesia, cioè essere uno spazio di scrittura per socializzare e "mediare" significati e conoscenze. Ciò rende questa tecnologia piuttosto intuitiva anche per i meno informatizzati che possono replicare sullo schermo i gesti familiari della scrittura "bianco su nero" della lavagna di ardesia. Con la lavagna digitale, infatti, è ancora possibile spiegare i concetti, chiarire i passaggi complicati, fare esercizi, condurre verifiche: basta prendere, al posto del gesso, lo stilo e scrivere a mano libera sulla superficie interattiva. Ma sin dal primo approccio ci si accorge che la scrittura assume "qualità" differenti, acquisisce la possibilità di essere modificata e riprodotta infinite volte, diviene scomponibile e ricomponibile in testi sempre nuovi con la possibilità di accogliere anche una molteplicità di differenti codici. Guardare alla lavagna digitale come a uno spazio di scrittura multimediale è inizialmente un buon approccio per comprendere come questa tecnologia possa trasformare la didattica in classe.

Una lavagna con la memoria

La lavagna digitale è una lavagna con la memoria: ciò che sulla vecchia superficie di scrittura è destinato a scomparire dietro un colpo di cancellino, con la lavagna digitale può essere memorizzato e archiviato sul computer ad essa collegato.
Ogni "oggetto" tracciato sulla lavagna (una frase, una forma geometrica disegnata a mano libera, uno schema, un diagramma) può essere salvato e immagazzinato. Viceversa, qualunque documento presente nel PC connesso alla lavagna può essere mostrato e manipolato utilizzando lo stilo, con ulteriore salvataggio di queste "tracce".
Di più, ogni oggetto presente sulla lavagna può essere "fotografato", utilizzando uno strumento software che "cattura" ciò che viene visualizzato sullo schermo, e ogni azione effettuata può essere registrata in formato video. Inoltre, possono essere utilizzati tutti i programmi che funzionano sul PC ad essa collegato: i documenti di testo, ad esempio, possono essere modificati direttamente alla lavagna usando il programma di videoscrittura.
Una lavagna "con la memoria" può essere molto utile alla didattica. Ciò che viene realizzato durante la lezione diventa materiale di studio, una potenziale integrazione al libro di testo. Questi contenuti, stampati oppure copiati su memorie USB, possono essere utilizzati a casa per ripercorrere la spiegazione dell'insegnante o il lavoro fatto con i compagni, ma anche per recuperare la lezione in caso di assenza. Inoltre, sono riutilizzati dagli insegnanti che possono modificarli infinite volte per adattarli alle esigenze dei singoli

alunni e dei vari gruppi classe. La possibilità di memorizzare ciò che si fa alla lavagna, infine, può essere utile anche nel corso stesso della lezione, ad esempio per richiamare un'immagine o un testo che abbiamo utilizzato in precedenza.

UNA LAVAGNA CON VARIE MODALITÀ DI SCRITTURA

La lavagna digitale è una superficie di scrittura: essa è dotata di particolari software (vedi riquadro in questa pagina) autore che consentono di attivare varie modalità di scrittura e di "cambiare pagina", come con la lavagna a fogli mobili. Attraverso i software autore possiamo realizzare contenuti e attività didattiche da utilizzare a lezione.
La possibilità di scrivere su più pagine influisce sul modo di organizzare la conoscenza: si possono strutturare le informazioni in progressioni, sequenze o sotto forma di ipertesti. La superficie di scrittura diventa così un "quaderno raccoglitore" nel quale sono archiviate lezioni, attività, risorse. Un quaderno multimediale che permette di organizzare una varietà di informazioni molto più ampia rispetto alla lavagna di ardesia (testi, immagini statiche, fotografie, animazioni, filmati video e ambienti tridimensionali).

I SOFTWARE AUTORE

I software autore sono programmi per la creazione di contenuti e attività didattiche e tra di essi vi sono quelli specializzati per la lavagna digitale. Per molti aspetti simili agli applicativi per creare presentazioni multimediali, come *PowerPoint* di *Microsoft* o *Impress* del pacchetto *Open Office*, i software autore servono a realizzare schermate nelle quali assemblare le "componenti elementari" (*asset*) di una lezione multimediale: testi, immagini, video, animazioni, simulazioni, esercizi e oggetti didattici interattivi. Sono dotati di una gamma strumenti per gestire la forma e il colore del tratto con il quale si scrive sulla lavagna, per disegnare forme geometriche regolari, per modificare il colore o l'immagine di sfondo della pagina.
Come i programmi per la creazione di presentazioni, questi software permettono di realizzare successioni di schermate da navigare in sequenza o attraverso collegamenti ipertestuali. I software autore per la lavagna digitale sono progettati per migliorare l'interazione tra l'utente e la lavagna nel contesto della classe. Alcuni tra questi applicativi, ad esempio, hanno una funzione clona che rende possibile l'operazione di copia/incolla con un solo gesto, anziché attraverso i classici passaggi da menu o da tastiera. Questa funzione permette all'insegnante di velocizzare l'operazione mentre fa lezione, risparmiando il tempo abitualmente dedicato a operazioni "tecniche". I software autore, inoltre, dispongono di una libreria virtuale di risorse didattiche già pronte e strumenti per facilitarne la creazione.

Alcuni tra i software per la LIM sono: *Notebook* di Smart Technologies, *Active Primary* e *Active Studio* di Promethean, *Workspace* di Interwrite Learning, *Easiteach Studio* di RM, *KindleLab* (a codice aperto), *Returnstar Electronic Whiteboard*.

Tutto ciò può essere di grande aiuto alla didattica. In una lezione di grammatica attribuire un colore diverso alle "parti del discorso" può servire come supporto o rinforzo alla comprensione. Animazioni e filmati offrono rappresentazioni dei fenomeni complessi molto più complete e realistiche delle illustrazioni statiche, consentendo di evidenziare più facilmente le relazioni causali.
È inoltre possibile utilizzare tendine, faretti e lenti di ingrandimento, in modo da nascondere una parte dello schermo; ciò si rivela particolarmente utile quando, ad esempio, dobbiamo soffermarci sull'analisi di un testo oppure selezionare da un problema i dati necessari a trovarne la soluzione.

UN TAVOLO DI MONTAGGIO DELLA CONOSCENZA

L'interattività della LIM, inoltre, costituisce un "invito" all'azione. Immaginiamo che il libro di testo presenti una linea temporale verticale e che la rappresentazione non risulti di facile comprensione per i bambini, abituati a "riconoscere il tempo" disposto in orizzontale. La lavagna digitale può facilitare l'accesso a rappresentazioni alternative, ma può anche essere utilizzata per disegnare una linea temporale decidendo, con gli alunni, la sua lunghezza, l'orientamento e la suddivisione in parti. In questo processo di costruzione ci si può aiutare con frecce, linee, con uno sfondo che riproduce il quaderno a quadretti oppure con un "righello intelligente", che permette di impostare l'unità di misura. Questa attività, che si può fare su un foglio di carta individualmente o in gruppo, sulla lavagna risulta socializzata e "duttile". Lavorando con risorse e contenuti digitali, infatti, si ha sempre la possibilità di modificare e di creare nuove versioni. La linea temporale fatta in classe, dunque, è un testo sempre in divenire sul quale gli alunni possono comprendere non solo l'argomento trattato, ma anche il processo di costruzione della rappresentazione. Costruita la linea, infatti, si può progettare una legenda, utilizzando forme e colori, e distribuire gli eventi "calcolando" come rappresentare la loro durata.
In definitiva, abbiamo a disposizione una serie molto ampia di nuove funzioni, legate non solo ad aspetti tecnologici, ma anche ai contenuti e agli aspetti organizzativi della didattica, cioè agli spazi, ai tempi e ai modi del fare scuola.

1.2 LA LAVAGNA DIGITALE NELLO SPAZIO FISICO ED EDUCATIVO

Massimo Faggioli

Quanto tempo trascorre nell'edificio scolastico un alunno della scuola dell'obbligo? Nei giorni di scuola, almeno un terzo del proprio tempo. Non considerando la ricreazione e la pausa mensa, possiamo stimare in almeno cinque ore quotidiane il tempo medio passato dagli alunni in aula, equivalente a quello trascorso nella propria casa e in attività sportive e ricreative.
Per quanto le nostre scuole siano dotate di laboratori, palestra e altri spazi, difficilmente l'aula scolastica tipo offre più di due metri quadrati di spazio pro-capite a coloro che vi operano all'interno. È una quantità di spazio tanto esigua da non essere confrontabile con nessun altro spazio dedicato alla vita sociale, né istituzionale (ospedale, carcere), né tantomeno residenziale.
Valori analoghi, se non più esigui, si possono ritrovare (probabilmente non a caso) solo nei luoghi progettati per l'ascolto passivo: il cinema, il teatro, l'auditorium.
Eppure questo paradosso non è avvertito come tale. Basta osservare con quale costanza gli edifici di nuova costruzione ripropongano la consueta geometria rettangolare dell'aula. L'edilizia scolastica si evolve nella ricerca di innovazioni architettoniche negli spazi esterni (palestre, laboratori, auditorium), ma la forma e l'ampiezza dell'aula raramente vengono messe in discussione. Perché?

IL MODELLO DIDATTICO "INDUSTRIALE"

La risposta più ovvia è che, evidentemente, questa geometria è perfettamente funzionale per quello che si deve fare a scuola e asseconda una organizzazione fisica che rispecchia un modello didattico-organizzativo di tipo "industriale". Questo modello si basa su una serie di banchi posti in file successive di fronte a una cattedra e a una lavagna.
A quale didattica risponde in modo così efficiente questo modello "industriale"? Non c'è dubbio che esso soddisfi al meglio una didattica trasmissiva, basata sulla lezione frontale, in cui ogni alunno occupa una postazione individuale e fissa (il banco) e in cui la flessibilità e il movimento sono ridotti al minimo. Come ogni modello "industriale" (nell'accezione tardo ottocentesca del termine) il processo è ripetitivo e prevede una relazione "uno a molti", in cui il numero degli alunni non è, entro certi limiti, una variabile determinante. Tutti infatti svolgono contemporaneamente lo stesso compito o ascoltano la stessa lezione.

In architettura i modelli più persistenti sono quelli che configurano spazi ottimali per quel che viene svolto all'interno e questi modelli vengono messi in discussione solo quando cambia la natura di queste attività. Nell'era del denaro virtuale, ad esempio, la banca non è più soltanto uno sportello nel quale depositare o ritirare banconote, ma anche e soprattutto un luogo in cui si incontrano consulenti e clienti. Per rispondere a questo mutamento, il modello architettonico della banca si è radicalmente modificato.
E nella scuola, le tecnologie hanno finora cambiato lo spazio educativo?

Il laboratorio di informatica, un clone del modello "industriale"

La storia del computer a scuola

La storia dei tentativi di introdurre i computer nella scuola dura ormai da più di trent'anni. È una storia ambigua e travagliata, anche perché il computer, nei pochi decenni di presenza sulla scena, ha mutato pelle più volte. A ogni svolta, abbiamo dato risposte sempre diverse alle domande fondamentali: «Cos'è un computer?»; «Che cosa ci si può fare?»; «A che cosa serve?». Il mondo della scuola, con la sua tradizionale prudenza nell'accogliere le nuove tecnologie nel setting educativo, ha avuto qualche difficoltà ad afferrare un oggetto dalla natura così "mutante".
Negli anni '70 del secolo scorso i primi elaboratori portatili (il Commodore, lo Spectrum) sembravano lo strumento ideale per dare corpo all'idea skinneriana della "macchina per insegnare"; sono gli anni del computer visto come tutor, una macchina in grado di gestire esercizi graduati e test fornendo un feedback immediato all'alunno. Nel decennio successivo, lo sviluppo di linguaggi di programmazione amichevoli e in qualche caso espressamente pensati per la scuola (primo tra tutti il linguaggio LOGO, ispirato alle teorie di Papert) sposta il computer dal ruolo di tutor a quello di *tutee*: è il ragazzo che, usando un linguaggio di programmazione, dice al computer cosa fare e definisce le procedure.
Negli anni '90 esplode il fenomeno dei software di produttività individuale, il computer tende a far dimenticare la sua appartenenza all'area logico-matematica e pervade tutti i campi dell'espressione (la scrittura, il disegno, l'impaginazione) e dell'organizzazione della conoscenza (il foglio di calcolo, gli strumenti di presentazione, il database), diventando uno strumento a disposizione di tutte le discipline. Nel decennio in corso lo sviluppo delle reti locali e geografiche, Internet in primo luogo, ha condotto a una nuova e radi-

cale trasformazione del ruolo del computer che ha, oggi, una funzione prevalentemente di comunicazione.
Nessuno ormai potrebbe pensare a un computer senza la Rete, senza la navigazione e la ricerca di informazioni, senza la posta elettronica e tutte le altre possibilità di comunicare. Non solo, giunti a questo punto il tradizionale personal computer da tavolo che tutti conosciamo sembra mostrare segni di stanchezza, tanto da far pensare a un suo rapido declino. Esso tende a diventare un'entità logica dalle mille forme, per meglio accompagnare il bisogno continuo di informazione e di comunicazione. Da molti anni ne esiste, sempre più miniaturizzata, la versione portatile, ed ora i dispositivi mobili (telefono cellulare, palmari, navigatori satellitari,...) tendono via via ad assumerne alcune funzioni: ad esempio, per scaricare la posta o partecipare a una chat basta utilizzare uno qualsiasi di questi strumenti.
Inoltre, a differenza di altri media che si sono rivelati abbastanza stabili nel tempo (come la fotografia su supporto chimico), il computer ha richiesto non solo un apprendistato iniziale, ma anche una continua capacità di riorganizzare e modificare le proprie abilità e di apprenderne sistematicamente di nuove.
La scuola, in assenza di una padronanza diffusa dello strumento da parte dei docenti, ha risposto con la tendenza a delegare l'uso dei computer a figure specialistiche (tecnici, docenti responsabili di laboratorio, insegnanti di informatica), con due effetti che oggi rappresentano elementi di forte criticità:

- l'uso degli strumenti informatici come pratica separata dalle normali attività curriculari, anche nella scuola dell'obbligo;
- la creazione di laboratori di informatica, in cui i computer sono raccolti in gran numero, con la tendenza ad avere, se le risorse finanziarie lo consentono, un personal computer per ogni alunno.

Il laboratorio di informatica

I laboratori di informatica, tuttavia, riproducono fedelmente il modello "industriale" dell'aula: file ordinate di tavoli, su ognuno dei quali vi sono dei computer. Luoghi organizzati per rispondere, ancora una volta, a una didattica in cui tutti fanno la stessa cosa e in cui il docente, supportato dalla rete informatica, può controllare il lavoro degli alunni dalla propria postazione. Ma la simmetria con l'aula è solo apparente, perché questa organizzazione degli spazi porta con sé un impoverimento dei flussi comunicativi, perdendosi molte delle componenti non verbali e buona parte di quegli elementi che determinano l'efficacia della lezione frontale che resta, anche in una classe pervasa di tecnologie digitali, un momento essenziale della relazione educativa.

Il personal computer, un medium prevalentemente individuale

Quando parliamo di uso didattico del computer viene fuori un grande paradosso: la didattica fa riferimento a processi e strumenti volti a sostenere il processo sociale, attraverso cui si formano le conoscenze e le competenze degli alunni, mentre il computer si è sviluppato, prevalentemente, come uno strumento di produttività individuale (non a caso ancora oggi continuiamo a usare l'espressione "personal computer").
Inoltre i suoi dispositivi di input (la tastiera, il mouse) e di output (il monitor, la stampante) sono stati progettati per essere usati da persone adulte in contesti d'ufficio. Quando a scuola usiamo macchine progettate per l'ufficio, dobbiamo sempre ricordarci, soprattutto con i bambini molto piccoli, che nella progettazione dei nostri computer, a partire dagli aspetti ergonomici, nessuno ha pensato che un bambino sia diverso da un adulto o che più persone vogliano collaborare a un progetto comune usando la stessa macchina. Per quanto riguarda il primo aspetto, non c'è dubbio che gli strumenti destinati alla scuola debbano tener conto che il corpo, la motricità e le strutture percettive proprie dell'età evolutiva debbano necessariamente entrare in gioco, fin dalla fase di progettazione. Chiunque insorgerebbe, infatti, all'idea che per arredare una classe, invece dei banchi costruiti seguendo le minuziose prescrizioni di legge, si optasse per l'adozione di scrivanie da ufficio. Eppure solo da poco si stanno sviluppando progetti come quello dell'X-O, il computer portatile a misura di bambino progettato al MIT di Boston dal team di Nicolas Negroponte.
In riferimento al secondo aspetto, quello che riguarda l'uso del computer in un ambiente sociale, è necessaria una riflessione sul modello pedagogico sotteso all'azione educativa. Se la costruzione della conoscenza è intesa come un processo sociale, è abbastanza naturale che intorno a un computer si realizzino attività cooperative e di gruppo. Basta osservare due o più bambini che lavorano in questo modo per capire che tutti i dispositivi del computer "vanno stretti" alla scuola e il successo di certi apparecchi (come i videoproiettori) che tendono a socializzare l'output del computer dimostra che, nei luoghi dove si insegna, il "PC dell'ufficio" non basta,

che occorre "immergerlo" nell'ambiente sociale dove ha luogo la comunicazione educativa.
Non c'è dubbio che queste problematiche abbiano costituito, oltre alle resistenze di ordine personale da parte dei docenti, ulteriori fattori di "lentezza" nel processo di diffusione dei computer nelle classi. Del resto, anche dove l'acquisto di questi strumenti è stato fortemente incentivato, come è accaduto non solo negli Stati Uniti ma anche in alcune regioni italiane come il Piemonte o le regioni del Sud (attraverso i finanziamenti del PON-Scuola), si hanno ancora notevoli difficoltà nel far usare i computer agli alunni al di fuori delle ore espressamente dedicate ai laboratori di informatica e a chiederne l'installazione direttamente nelle aule.

La lavagna interattiva multimediale, un medium sociale

Il ruolo delle tecnologie interattive

Rispetto a questo quadro, non troppo ottimistico, la comparsa sul mercato delle tecnologie educative interattive, e in particolare della lavagna digitale, ha segnato alcuni elementi di grande novità. Per prima cosa, parallelamente ai piani nazionali che, come sta avvenendo in molti paesi, favoriscono e sostengono "dall'alto" l'adozione delle lavagne, si è verificato un notevole interesse "dal basso": molte scuole hanno acquistato di propria iniziativa le prime lavagne. In secondo luogo, si registrano curiosità e interesse, da parte dei singoli docenti, a un livello insolito per ampiezza e ben più alto di quello corrispondente alla nicchia degli esperti o degli interessati all'informatica. Anche dall'osservazione sistematica di alcune di queste scuole, con lo scopo di capire le dinamiche che seguono la prima adozione della lavagna, emergono ulteriori conferme:

- la lavagna viene collocata, se possibile, quasi sempre in classe;
- la curiosità e l'interesse attorno alla lavagna si diffondono "a macchia d'olio" nell'intera scuola.

Diminuiscono quindi i fattori di diffidenza e timore che hanno fino ad oggi relegato le tecnologie nei laboratori e vengono coinvolti anche i docenti che in passato avevano manifestato un'aperta ostilità verso l'uso delle ICT nella didattica.
La possibilità di manipolare all'infinito tutto ciò che si vede e si fa sulla LIM spinge a differenziare gli approcci, a lavorare per ipotesi, a coinvolgere attivamente tutti i soggetti in campo, in primo luogo gli alunni. Lo spazio angusto dell'aula, quei due metri quadrati

a testa, sufficienti per le attività di routine e per lavorare con la vecchia lavagna, non bastano più. La LIM quindi sollecita più interlocutori, richiede più movimento, reclama un diverso spazio educativo. La distanza tra la sua superficie e la prima fila di banchi, spesso meno di due metri, non è più sufficiente: sorge un conflitto con il modello "industriale" dell'organizzazione della classe.
Mentre il computer, come macchina personale da ufficio, ha fatto i suoi sporadici ingressi nelle aule richiedendo semplicemente un angolo, uno spazio separato per il lavoro di singoli o di piccoli gruppi, la lavagna digitale pretende il centro e chiede intorno a sé più spazio, o meglio, uno spazio organizzato in modo diverso, come testimoniato dalle molte esperienze di innovazione della didattica, anche in campo internazionale, che hanno attribuito grande importanza all'organizzazione fisica degli spazi educativi.
Al riguardo, basta fare riferimento alle aule atelier, dotate di un ampio spazio organizzato per aree funzionali, e alle scuole più moderne, organizzate come laboratori disciplinari, nelle quali sono gli studenti e non i docenti a spostarsi e in cui l'apprendimento beneficia delle attrezzature ad hoc presenti nei vari laboratori.

LA LAVAGNA AL CENTRO DELLO SPAZIO SOCIO-EDUCATIVO

Ma ciò che motiva l'insolito interesse dei docenti verso questa nuova tecnologia sta forse nella seguente considerazione: la lavagna digitale è la prima periferica per computer che non nasce come macchina da ufficio da riadattare poi nello spazio didattico. La lavagna interattiva multimediale è uno strumento nato per collocarsi al centro dello spazio socio-educativo. Rispetto ad altri dispositivi adoperati per questo fine (*data-display*, videoproiettori), la sua maggiore efficacia dipende dal fatto che essa non è solo un dispositivo di output (per vedere un monitor tutti insieme), ma è anche un dispositivo di input, per eseguire, grazie alla sua caratteristica di grande schermo *touch screen*, tutte le operazioni di scrittura, disegno e manipolazione di oggetti che si possono compiere individualmente su un PC con la tastiera e il mouse. Nello spazio della lavagna il computer può sparire, la scatola di metallo può diventare invisibile, mouse e tastiera non servono più. Non a caso molti progetti di ricerca di nuove soluzioni hardware da parte dei produttori di lavagne digitali prevedono la creazione di lavagne "autosufficienti", dotate di processore interno, di un proiettore integrato e della connessione alla rete, oggetti da appendere al muro senza il "cordone ombelicale" dei fili che li collegano a un personal computer.
Questa linea evolutiva potrebbe far pensare alla lavagna digitale non tanto come all'"ultimo ritrovato" in fatto di periferiche, quanto al "primo" oggetto che possa dirsi, nell'ambito delle tecnologie per la

didattica, *post-PC* caratterizzato da interfacce più naturali, sensibili al tocco diretto della superficie. È una linea di sviluppo che avrà, in futuro, un grande impatto nell'organizzazione dello spazio educativo. Alla lavagna digitale, replica rassicurante della lavagna di ardesia, si affiancheranno presto nuove "superfici interattive" che permetteranno un approccio sempre più naturale all'uso dei computer in aula. Al riguardo, esistono già prototipi di tavoli interattivi, in cui il piano è una superficie *touch screen* funzionalmente analoga alla lavagna digitale a muro. Questi oggetti, ancor più della lavagna, orientata in primo luogo alla condivisione della conoscenza e alla personalizzazione dell'apprendimento, offriranno nuove opportunità per il lavoro cooperativo in piccoli gruppi. E proprio per supportare in modo naturale il lavoro condiviso, in cui spesso più interlocutori agiscono contemporaneamente, stanno nascendo anche interfacce *multi touch*. Se fino ad oggi un computer è stato in grado di ricevere un'istruzione alla volta (il tocco di un tasto della tastiera, il movimento di un solo mouse), con le superfici *multi touch* è possibile usare entrambe le mani o consentire a più studenti di agire sulla stessa superficie, recuperando i naturali modi di agire e riducendo la percezione del filtro tecnologico tra pensare e fare.

1.3 Integrare vecchi e nuovi linguaggi

LINGUAGGI MULTIMEDIALI E PARADIGMI COGNITIVI: UN'EVOLUZIONE NATURALE

L'introduzione delle nuove tecnologie nella quotidianità ha indotto una trasformazione radicale nel nostro modo di comunicare e di rapportarci alle fonti informative e formative. Assistiamo, infatti, a un progressivo mutamento non solo delle nostre abitudini, ma anche dei *paradigmi comunicativi e cognitivi* che mettiamo in campo per rispondere a questo scenario che si va complicando e colorando di nuove modalità, segni, codici. Viene da chiedersi se l'evoluzione della tecnologia, nelle sue molteplici sfaccettature e nei vari supporti in cui si manifesta, non sia un naturale processo che accompagna il mutamento dei paradigmi cognitivi dell'uomo. Si è passati dall'era dell'*homo sapiens* a quella dell'*homo videns*, per arrivare all'*homo zappiens*: un individuo in grado di trovare un senso anche in un flusso di informazioni discontinuo (passando da un canale TV a un altro, per esempio), in grado di capire rapidamente dove cliccare e cosa selezionare in una pagina Internet[1] e di portare avanti più azioni/interazioni in parallelo[2]. Ma, soprattutto, siamo di fronte a una popolazione giovane il cui linguaggio è sempre meno fatto di testo e sempre più di immagini, animazioni, audio e video.
Alcuni studi, come quello di Mark Prensky, già citato nell'introdzione, rivelano un crescente divario tra studenti e docenti sul fronte della capacità di utilizzo delle nuove tecnologie. Prensky (2001) parla di *digital natives*, ovvero di coloro che sono nati e cresciuti nell'era digitale e per i quali è naturale esprimersi con nuovi linguaggi. I *digital immigrants*, invece, sono coloro che hanno dovuto, volenti o nolenti, accogliere e integrare l'innovazione tecnologica nel loro patrimonio culturale, trovandosi un po' a disagio con le nuove tecnologie tanto da avere spesso bisogno di supporti e di "manuali di istruzione".
In tal senso, la situazione attuale nella scuola italiana è quella di una popolazione di docenti "immigranti" che parla una lingua "datata" (quella dell'era pre-digitale) e impegnata a insegnare, con una costante azione di ri-mediazione[3], a una popolazione che si esprime,

---

[1] Questa tesi trova conferma nello studio proposto dall'Università di Stanford, PoynterOrg Institute che ha effettuato sperimentazioni sugli spostamenti oculari di un gruppo di navigatori della rete: http://poynterextra.org/et/i.htm

[2] http://blog.edidablog.it/blogs/index.php?blog=80

[3] Con questo termine si intende il passaggio di un contenuto da un medium a un altro, come ad esempio dal supporto cartaceo a quello digitale. Questa azione implica un lavoro di "traduzione" che deve tenere conto delle caratteristiche dei rispettivi mezzi di comunicazione che non sono mai, in sé e per sé, "neutri", ma tendono a portarsi dietro una serie di specificità che vanno a incidere sulla forma del messaggio che si intende trasmettere. Si pensi, ad esempio, alla linearità e alla staticità di un testo stampato e alla fluidità e interattività di un contenuto web.

fuori dalla scuola, con linguaggi radicalmente diversi. Non è del resto difficile riconoscere che tra le tecnologie generalmente disponibili in classe (penne, quaderni, carte geografiche, lavagna di ardesia, testi cartacei, righelli, goniometri) e quelle che caratterizzano il mondo degli studenti esterno alla scuola (computer, cellulari, smartphone, fotocamere digitali, I-pod, I-phone) esista un forte divario non solo tecnologico, ma anche linguistico.
Nel tentativo di avvicinare i due mondi, il Ministero dell'Istruzione, dell'Università e della Ricerca ha sviluppato in questi anni numerosi progetti il più significativo dei quali è, probabilmente, proprio quello relativo all'introduzione in aula della LIM, grazie alla quale la classe apre la porta a un'*ibridazione di linguaggi* mai esperita prima in un ambiente scolastico, re-indirizzando la "sensorietà" verso un'esperienza di tipo multimediale (intendendo con questo termine un "coinvolgimento simultaneo di più sensi nella percezione del percepibile").

INTEGRAZIONE DI LINGUAGGI

La LIM garantisce questa *integrazione di linguaggi* perché non si è più costretti a pensare in bianco e nero e perché viene favorito un apprendimento di tipo visivo. Si delinea così una comunicazione forse più completa, sicuramente più complessa, dove la parola scritta cede parte del suo storico fascino e del suo innegabile potere, per scendere a compromessi con altri codici espressivi e per vestirsi di nuove forme (Carlini, 1999), colorando i significati di una gamma di segni (icone, audio, testo, immagini, video e animazioni).
Il testo scritto (nei libri, ma anche sulla lavagna di ardesia) impone l'allontanamento di ogni possibile fattore di disturbo, al fine di portare in primo piano la parola e i significati che questa veicola. Nei linguaggi multimediali, invece, questa prospettiva è rovesciata e si offre una molteplicità di stimoli, in modo da sollecitare il più possibile i sensi: vista, udito e, nel caso della LIM, anche tatto, grazie alla manipolazione di oggetti che la superficie interattiva consente.

USO IMPROPRIO DELLA MULTIMEDIALITÀ

Il passaggio da forme di comunicazione convenzionali a forme interattive e multimediali richiede però un'attenzione e una preparazione particolari. È infatti necessario comprendere quali siano le combinazioni di codici e canali più efficaci per veicolare un determinato messaggio, in modo da evitare il sovraccarico cognitivo o fenomeni di ridondanza e di interferenza comunicativa.
Fortunatamente il nostro cervello riesce a "difendersi" da un uso improprio della multimedialità, perché la nostra mente, di fronte a una molteplicità di stimoli, applica dei filtri selettivi, apprendendo solo quelle informazioni che reputa utili per il processo di significazione.
Secondo Paivio (1986) il sistema cognitivo umano elabora gli stimoli

in ingresso mediante un sistema a *doppia codifica*, uno per i messaggi di tipo verbale (per tutti i segni di natura linguistica) e uno per quelli non verbali (ad esempio audio e video). Se il processo avviene in maniera corretta, grazie alla doppia codifica si possono immagazzinare nella memoria a lungo termine due unità, corrispondenti a un medesimo concetto, moltiplicandone la capacità di recupero mnemonico. L'argomentazione principale di questo breve testo intende incoraggiare le forme multimediali di rappresentazione che combinano, secondo una logica coerente, parole ad altri codici linguistici, in sintonia con questo modello mentale integrato. In caso contrario, se gli stimoli percettivi sono incoerenti, confusi o ridondanti, il processo cognitivo può essere inibito e quindi impedire un corretto apprendimento. Daniel Pennac sostiene che "nella vita non sono i segni che mancano, quello che manca è il codice", cioè una convenzione (che nelle nuove tecnologie si trova ancora in fase iniziale) che consenta a emittente e destinatario di un messaggio multimediale di capirsi, senza incorrere in quel fenomeno che la semiotica indica come rumore, ovvero caos, dispersione e incomprensione.
In questo senso, Riccò (1999) ha individuato quattro tipiche situazioni, così sintetizzabili.

- *Potenziamento del messaggio*: si verifica quando due o più elementi non si sovrappongono, ma si arricchiscono a vicenda perché instaurano un rapporto di complementarità. È il caso, ad esempio, di un suono associato all'attivazione di un link, un click che conferma e rafforza l'azione che si sta svolgendo.
- *Ridondanza cognitiva*: si verifica quando due o più elementi simbolici si trovano in un rapporto di "rumore", ovvero l'uno interferisce con l'altro. Immaginiamo, ad esempio, un testo scritto accompagnato dalla versione vocale. La sollecitazione di due canali diversi (vista e udito) concentrati su di un medesimo messaggio crea confusione, perché i tempi di lettura silenziosa variano da persona a persona e la registrazione del parlato può interferire con il pensiero di chi legge.
- *Disagio percettivo*: si verifica quando due o più elementi simbolici non si completano in maniera sinergica. Pensiamo, ad esempio, a una sequenza audio abbinata a un'immagine che non varia mai. In questo caso la dinamicità del brano sonoro è in contraddizione concettuale con la staticità dell'immagine e crea una situazione di disagio percettivo.
- *Saturazione della percezione*: si verifica quando due o più elementi simbolici non risultano compatibili, perché occupano e impegnano il medesimo canale sensoriale: ad esempio una sequenza musicale sovrapposta a un testo verbale.

Uno stesso messaggio è potenzialmente trasmissibile attraverso tutti i canali (etere, linea telefonica, fibre, carta, ecc.) e i segni (testo scritto, parlato, immagini, ecc.). È altrettanto vero che ognuno di questi canali e segni possiede una propria specificità, in funzione della quale va sfruttato. Ad esempio, una foto è del tutto somigliante al messaggio che si intende veicolare, mentre una frase, al contrario, non propone alcun vincolo di somiglianza con il contenuto che vuole comunicare ed è necessario, pertanto, che l'insegnante selezioni attentamente le modalità più adeguate al fine di raggiungere l'obiettivo comunicativo desiderato.

Il valore della didattica multimediale

Alcune ricerche mostrano come i risultati degli studenti impegnati in compiti di base aumentano del 21% quando questi sono coinvolti in un apprendimento multimediale non interattivo (testo e video, testo e audio, animazioni) rispetto a quelli di un apprendimento tradizionale, monomediale (CISCO, 2008). Passando da una modalità non interattiva a una interattiva (simulazioni, lavoro collaborativo, ecc.) l'apprendimento viene ulteriormente incrementato di un altro 9%. Se, invece che in attività di base, gli studenti sono impegnati in compiti di più alto livello, l'impiego di linguaggi multimediali in contesti interattivi produce un incremento ancora più significativo, portandosi a un 32% rispetto all'apprendimento tradizionale (in un contesto di tipo multimediale non interattivo l'incremento è stimato attorno al 20%).
Una corretta esperienza multimediale non deve necessariamente condensare in un unico medium tutti gli altri – operazione che, peraltro, potrebbe risultare azzardata oltre che pericolosa – quanto piuttosto costruire una *rete tra i vari media* (sia tradizionali che digitali) al fine di esaltare le proprietà e le specificità di ognuno.
Non dobbiamo dimenticare, inoltre, che al complesso sistema di segni offerto dal computer collegato alla LIM, si aggiunge la comunicazione tra il docente e gli studenti, con parole, gesti e "abitudini" che ne scandiscono le dinamiche (ad esempio, andare alla lavagna da soli o in piccoli gruppi).
La lezione multimediale si arricchisce così di una vasta gamma di linguaggi di varia natura che vanno governati da una "regia" in grado di trovarne il giusto equilibrio e bilanciamento per non incorrere nelle problematiche sopra indicate. Occorre quindi dosare, come in una ricetta, il peso e l'apporto di ciascun linguaggio per creare una situazione didatticamente valida, allontanando l'impiego di segni che potrebbero risultare semplicemente decorativi.

La convergenza comunicativa

Non sappiamo come comunicheremo domani. Come evidenziato da Pamela Mc Courduck (1994), l'apprendimento è stato negli ultimi secoli prevalentemente accompagnato dalla "scrittura". Nel passato, alla base dell'apprendimento, c'era l'idea della riproducibilità di quanto interiorizzato in forma scritta: *to write it down is to know it* (scrivere equivale a conoscere). Il testo scritto era quindi sinonimo e veicolo di conoscenza mentre, prima dell'invenzione della scrittura, il sapere era tramandato attraverso le immagini (lo stesso Leonardo da Vinci sosteneva di non conoscere una cosa fintantoché non l'aveva rappresentata sotto forma di bozza o disegno).
Il futuro, quasi sicuramente, affiancherà al linguaggio testuale scritto altre modalità simboliche, portandoci verso una situazione di *convergenza comunicativa* (Mc Courduck, 1994). La LIM offre, assieme ad altre tecnologie digitali, la possibilità di iniziare a sperimentare, già oggi e direttamente in classe, un *continuum* di linguaggi e di segni che fino ad ora non abbiamo saputo utilizzare e valorizzare.
Per dirla con Maragliano (2008), il nostro sforzo di educatori e progettisti della formazione dovrà essere orientato a rendere la scuola uno dei luoghi privilegiati del processo collettivo di "interpretazione dei segni".

Glossario

Canale: Mezzo attraverso il quale viene veicolato un insieme di segni e, quindi, un messaggio (ad esempio, l'etere, la carta, la rete telefonica tradizionale, la rete di telefonia cellulare, ecc.).
Codice: Insieme di segni disciplinati da una convenzione (anche il linguaggio è una convenzione, come pure il semaforo rosso che ci impone di fermarsi davanti ad esso).
Rumore: Fenomeno che si verifica quando un segno non passa correttamente dall'emittente al ricevente del messaggio (ad esempio una linea telefonica disturbata). È collegato al canale, ma anche a una distorsione di natura semantica (incomprensioni o slittamenti di significato).
Segno: Elemento che rimanda a un contenuto ("qualcosa che rinvia a qualcosa d'altro"), unione di un significante (la forma, ad esempio l'icona del cestino) e un significato (il senso che quell'icona veicola, la funzione che permette di eliminare file dalla memoria del computer in maniera definitiva).
Semiotica: Scienza che studia i segni nelle loro dinamiche di significazione e comunicazione.

Anceschi G., Botta M., Garito M. A., *L'ambiente dell'apprendimento. Web design e processi cognitivi*, McGraw-Hill Companies, Milano, 2006.

Biondi G., *La scuola dopo le nuove tecnologie*, Apogeo, Milano, 2007.

CISCO Systems Inc, *Multimodal Learning Through Media: what the Research Says*, White paper, by Metiri Group, http://www.cisco.com/web/strategy/docs/education/Multimodal-Learning-Through-Media.pdf (consultato il 15/09/2008).

Maragliano R., *Parlare le immagini. Punti di vista*, Apogeo, Milano, 2008.

Norman D. A., *Il Computer Invisibile*, Apogeo, Milano, 2000.

Prensky M., *Digital Natives, Digital Immigrants*, in «On the Horizon», *9*, *5*, 2001, NCB University Press, http://www.twitchspeed.com/site/Prensky%20%20Digital%20Natives,%20Digital%20Immigrants%20-%20Part1.htm (consultato il 18/05/2008).

Riccò D., *Per una comunicazione centrata sul soggetto*, in «Musica Domani», *111*, 1999, http://www.sinestesie.it/presentazione/Dina/Ricco1999-MD.pdf (consultato il 18/05/2008).

Riva G., *Psicologia dei nuovi media*, Il Mulino, Bologna, 2004.

Capitolo 2

La lezione digitale

«Come posso fidarmi se usi una tecnologia così datata?»

Introduzione

Abbiamo già visto come la lavagna digitale sia un efficiente ed efficace "tavolo di montaggio e smontaggio" della conoscenza, in grado di trasformare l'organizzazione della didattica, offrire nuove opportunità agli insegnanti per svolgere la loro azione di ri-mediazione e integrare gli abituali strumenti della scuola con i linguaggi dei nuovi media digitali.
Per ottenere tutto questo bisogna però analizzare come cambia l'organizzazione e lo svolgimento della lezione, in buona sostanza come e quanto è diversa una "lezione digitale" rispetto a quella a cui siamo tutti abituati. La lezione digitale, infatti, è in grado di modificare profondamente il modello trasmissivo che è caratteristico della didattica in classe.

Nel presente capitolo analizzeremo, quindi, le *caratteristiche di una lezione digitale*, seguendo un approccio sistemico, basato sulla descrizione di ogni sua componente, di ogni sua parte, evidenziando il valore che ciascuna di esse apporta dal punto di vista didattico. Le componenti prese in considerazione sono:

- la personalizzazione della didattica;
- l'attenzione, la motivazione e il coinvolgimento degli studenti;
- la possibilità di conservare la memoria della lezione;
- la creazione delle interazioni tra studenti e contenuti didattici;
- le modalità di costruzione della conoscenza;
- la rappresentazione delle conoscenze;
- gli archivi e le risorse didattiche disponibili.

È un'analisi condotta avendo sempre come riferimento l'insegnante e il suo lavoro quotidiano, in modo da fornire indicazioni applicabili direttamente in classe.
Il capitolo si chiude con una panoramica sullo sviluppo dei contenuti per la lavagna digitale e sui cambiamenti che interessano il mondo dell'editoria scolastica.

2.1 Presentare, condividere e costruire: spunti per una nuova didattica

Daniele Barca

La lavagna interattiva multimediale è uno strumento particolarmente adatto per attività di insegnamento che coinvolgono l'intero gruppo classe. Gran parte delle analisi condotte sull'impiego della LIM, soprattutto nel mondo anglosassone, concordano in pieno con questa affermazione.
In tal senso, la caratteristica principale della LIM è quella di essere un catalizzatore di risorse didattiche: oggetti digitali multimediali di vario tipo, prodotti software di varia natura, persino risorse tradizionali come i disegni e le schede. Ciò rende possibile, per l'insegnante, adattare le risorse disponibili agli obiettivi didattici, alla metodologia di insegnamento e agli stili di apprendimento degli studenti (individualmente o per gruppi di livello), offrendo loro la possibilità di effettuare un'ampia personalizzazione di tali risorse didattiche.
L'utilizzo coerente della LIM – come superficie interattiva e non come semplice schermo di proiezione – determina quindi una nuova dinamica delle relazioni didattiche di classe e una significativa ricaduta sulla personalizzazione delle risorse in uso.

Le modalità di utilizzo della LIM

Come da molti affermato, la LIM favorisce e sostiene metodologie che "accorciano" la distanza tra docente e studente e consente di "tarare" la lezione su molteplici esigenze. Al riguardo sono state identificate sei modalità di utilizzo della LIM, espressioni, al tempo stesso, delle potenzialità di questa nuova tecnologia: *assistere*, *dialogare*, *presentare*, *esercitarsi*, *condividere*, *costruire*.
Prima di "prendere il pennarello in mano", è opportuno notare che, sebbene nelle pagine che seguono siano riportati esempi e proposte di utilizzo della LIM nelle varie discipline, il segreto per scoprirne le potenzialità è quello di prendere un'attività che già si fa con successo e adattarla alla lavagna digitale.

Assistere

È una prima forma di impiego della LIM, rappresentata dalla lezione frontale senza materiali preparati, cioè uno svolgimento di lezione "a mano libera sullo schermo bianco", con la partecipazione non organizzata degli studenti che offrono il loro contributo. È particolarmente adatta per attività di presentazione e di introduzione, dove il docente guida le operazioni e il contributo degli studenti è minimo. Ecco alcuni esempi di uso.

- *Traccia personale*: chiamare alla LIM tutti gli alunni invitandoli a lasciare con i pennarelli colorati una traccia che parli di se stessi può essere il primo elementare step di avvicinamento alla lavagna, finalizzato a un'attività relazionale di presentazione. L'attività può avere come corollario la conservazione della pagina così costruita come "copertina" di tutti i lavori successivi, oppure, nel caso della scrittura, la trasformazione del carattere manuale in digitale.
- *Mappe*: un'altra attività molto semplice e adatta a ogni disciplina è la lezione fatta *coram populo*, costruendo una mappa degli argomenti con le forme geometriche, le linee, e i caratteri.
- *Immagini*: catturare o collocare un'immagine è un'attività che presenta varie finalità all'interno di una lezione. Da un lato serve a mostrare come si colloca e si valorizza un'immagine entro uno spazio, dall'altro è utile per iniziare la trattazione di un argomento sfruttando la forza della visualizzazione, cioè il valore della "diretta". Inoltre, se corrediamo l'immagine con alcuni dati (chi, dove, come, quando, perché), riusciamo a creare risorse con maggior valore informativo e didattico.
  Se, per esempio, vogliamo preparare una gita scolastica, si può partire dall'immagine della città da visitare, aggiungere le informazioni relative alle origini del suo nome e proseguire evidenziando la sua particolare conformazione geografica.
  In altro caso, partendo sempre dallo schermo bianco, si possono utilizzare le immagini contenute nella *gallery* della LIM e alcuni personaggi di fantasia per introdurre l'argomento della lezione sotto forma di un colloquio inventato. Oppure l'insegnante, partendo da una frase famosa, da semplici definizioni o dall'osservazione di un fenomeno, può ricostruirne, passo dopo passo, i passaggi precedenti; al riguardo Wikipedia (l'enciclopedia on line liberamente accessibile) può essere la fonte di questi racconti e può offrire lo spunto a navigazioni "oltre lo schermo".
- *Orchestra*: nelle risorse della LIM vi sono pentagrammi, chiavi, note, pause, in pratica tutto ciò che serve a realizzare uno spartito "in grande", per tutta la classe, modificabile e salvabile.

Dialogare

È un secondo livello di impiego della LIM, quello che corrisponde alla lezione "conversata". Attraverso frasi o immagini stimolo, con l'utilizzo di parole o di forme geometriche, la lezione prende forma, ricalcando uno schema caro alla didattica anglosassone: porre il problema, acquisire le possibili risposte, restituire la soluzione. Rispetto alla forma "assistere", si intensifica la partecipazione degli studenti al lavoro sulla lavagna. Ecco alcuni esempi di utilizzazione.

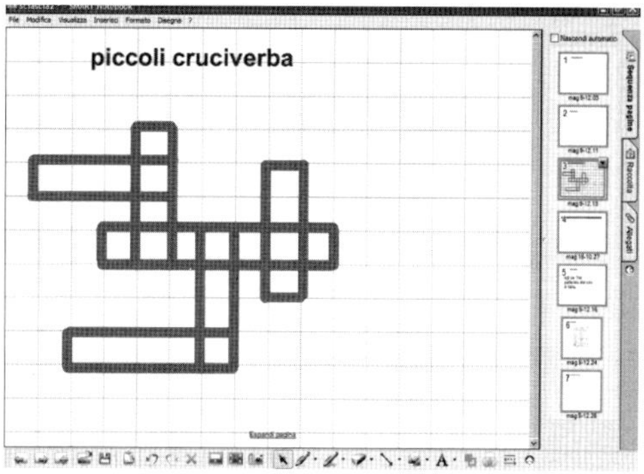

FIGURA 1 – *Esempio di cruciverba.*

- *Fantasia*: si chiede agli studenti un disegno a mano libera, per esprimere un'idea o un parere, partendo da una domanda dell'insegnante. In questo caso le varianti sono molte, offerte dagli strumenti della lavagna (utilizzare immagini, linee, evidenziatori ecc.). Attraverso un disegno o un argomento che faccia da stimolo sul tema da apprendere, l'alunno può parlare non solo di quel che ha tracciato, ma anche di sé, della sua famiglia, della sua relazione con i compagni; ciò può essere lo spunto per iniziare in maniera guidata una lezione sui sentimenti o sulla percezione delle cose. Molto dipende dall'età degli alunni, ma è chiaro che la libera espressione artistica eseguita di fronte alla classe richiede una gestione attenta dell'attività.
- *Cruciverba*: con l'ausilio di fogli quadrettati utilizzati come sfondo, di linee o caselle come trama, di definizioni scritte o di immagini, si possono costruire cruciverba con varie finalità didattiche (FIG. 1).
- *Brainstorming*: catturare le idee o le libere associazioni attraverso parole scritte sulla lavagna. Parole che poi possono essere liberamente organizzate con l'ausilio di forme geometriche e di immagini fino a costruire percorsi, storie e mappe.
- *Testo o frase stimolo*: partendo da una frase, da un testo trascritto o da un'immagine che riproduce un testo antico, è possibile sviluppare una serie di attività, utili in varie discipline.

La lezione "dialogata" esprime un lavoro "a più mani" sia sul versante linguistico sia a livello di conoscenza e di relazione. In pratica è la costruzione di un dialogo multimediale "intorno" allo strumento tecnologico, rappresentato dalla LIM.

PRESENTARE

È un altro modo di utilizzare la LIM, corrispondente alla lezione frontale strutturata e preparata con l'impiego di risorse e di oggetti da collocare sulle pagine bianche: sono utilizzabili i software della LIM, i prodotti che abitualmente si usano sul PC (fogli di scrittura, fogli di calcolo, programmi di presentazione ecc.), le immagini, i filmati, le ri-

sorse on line e quelle digitalizzate con lo scanner. Qui entra in gioco il patrimonio di risorse (digitali e tradizionali) che l'insegnante ha a disposizione: risorse accumulate nel PC, memorizzate nei cataloghi offerti dai produttori di LIM, rintracciabili nei propri siti preferiti di Internet, accessibili su *repository* di risorse didattiche digitali o sui portali dedicati alla scuola, trascritte nei quaderni a schede.
La storia delle scoperte geografiche, ad esempio, si presta bene a questa dimensione di lezione. Con l'ausilio delle carte geografiche e di immagini reperite in Rete, è possibile disegnare i vari itinerari, raffigurare gli usi, i costumi e le abitudini alimentari, le immagini dei navigatori, le tappe delle scoperte. Oltre a questo possiamo anche allegare poesie dell'epoca, resoconti di viaggio, immagini di documenti originali, ecc. In sintesi, ricostruire un'epoca nella sua complessità di parole, suoni, immagini e colori.
Seguendo la stessa impostazione, possiamo costruirci il nostro "universo" personale, utilizzando le immagini dei pianeti, dei satelliti e delle stelle e aggregando, man mano che si scoprono, notizie sui corpi celesti. Possono essere ricostruiti, per i più piccoli, gli habitat, nella loro flora e fauna, con attività di associazione tra oggetti grazie allo spostamento delle immagini sullo schermo. Oppure si possono assemblare quadri e opere d'arte in una sorta di museo virtuale in cui poter inserire anche descrizioni, biografie degli artisti, ecc. È possibile anche realizzare relazioni su esperienze scientifiche, gite, libri, con inserzioni di foto e filmati.

Esercitarsi

È un livello di complessità superiore rispetto ai precedenti, quello in cui l'ago della bilancia dell'interazione si sposta dalla parte dello studente, con tutta la vasta gamma di esercizi interattivi, multimediali e visuali che è possibile realizzare. Inoltre, le correzioni fatte alla lavagna si possono conservare e riutilizzare in momenti successivi del percorso di apprendimento. Si possono creare esercizi di tutti i tipi: composizione con singole lettere, composizione di frasi, completamento di parole e di frasi (FIG. 2), vero-falso, collegamenti e associazioni, ecc.
Inoltre, utilizzo di giochi-esercizi, di *Learning Object* ad hoc e di schede digitali. Ecco alcuni esempi di utilizzazione.

FIGURA 2 – *Esempio di completamento di parole.*

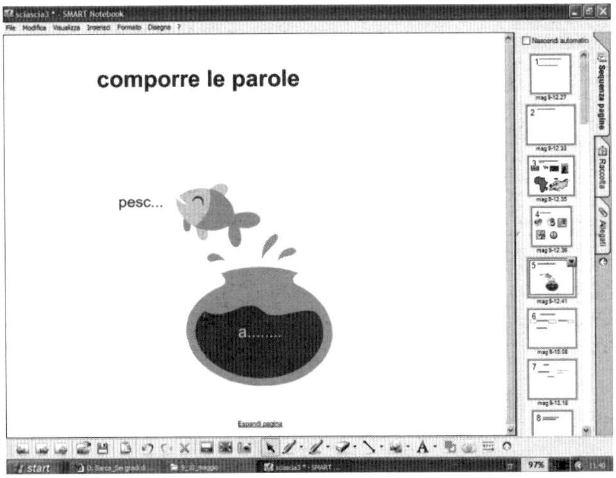

- *Giochi-esercizi*: sono realizzati grazie alla creazione di oggetti fissi che si possono spostare sulla superficie e accostare ad altri elementi, come la rappresentazione dei vagoni del treno per la costruzione delle frasi o la riproduzione delle carte da gioco per eseguire le moltiplicazioni e imparare la tavola pitagorica.
- *Learning Object*: sono risorse digitali per l'apprendimento di concetti e fenomeni. Sono presenti nel catalogo della lavagna (il dado, il termometro, gli assi cartesiani, il corpo umano, ecc.), sono proposti dall'industria editoriale e si trovano anche liberamente in Rete. Le pagine interne ai *Learning Object* possono essere "catturate" per modifiche ed elaborazioni personalizzate.
- *Schede digitali*: sono le schede che tradizionalmente si raccolgono nei quaderni ad anelli, da colorare, compilare e completare. Si possono trovare in Rete in formato digitale, oppure possono essere scannerizzate dal proprio libro. Presentate sulla lavagna, permettono di essere modificate, singolarmente o a più mani, dando luogo a esercizi che l'alunno si può ritrovare in un secondo momento anche nel suo quaderno.

Condividere

La condivisione delle risorse didattiche consente di dar vita a percorsi differenziati partendo da un unico contenuto di base. Se il docente mette a disposizione degli studenti i materiali sviluppati attraverso la LIM, si può generare, in cascata, tutta una serie di personalizzazioni, ciascuna delle quali rappresenta un valore didattico che merita di essere conservato.

Un esempio: l'insegnante propone una lezione di geografia sull'America del Nord. Si forniscono mappe, descrizioni, immagini di città, insiemi di simboli, canzoni, figure storiche e politiche. È un percorso vero e proprio, collegabile anche a risorse esterne. Il compito per gli studenti è, individualmente o in gruppo, quello di costruire la propria America del Nord, riassemblando gli stessi materiali secondo un'ottica che rispecchi i gusti personali. È una strategia didattica fondata sul lavoro in classe e sulla rielaborazione esclusiva della lezione del docente. Lo studente affina la capacità di selezione degli argomenti e di appropriazione degli stessi. La condivisione delle risorse consente quindi di stimolare una "lettura personale" della proposta del docente.

Costruire

È il livello più sofisticato di utilizzo della LIM, quello in cui gli studenti creano un elaborato vero e proprio, assemblando materiali già

utilizzati in classe e nuove risorse di personale reperimento. Essi svolgono un doppio lavoro, a monte per produrre la loro "restituzione", a valle per presentarla a tutta la classe.
Si tratta del grado più avanzato di interazione con la lavagna, in quanto ai materiali proposti dal docente si aggiunge la capacità di ricerca e di assemblaggio delle risorse da parte dello studente.
Un esempio: le "cartoline della mia città".
Il docente propone un tema legato all'attualità della propria città, per esempio i monumenti e i quartieri abbandonati, e su questo tema costruisce una macro-presentazione. A partire da qui, individualmente o in piccoli gruppi, e sulla falsariga della presentazione dell'insegnante, gli studenti devono costruire la propria lezione da proporre agli altri, focalizzando l'attenzione su un singolo monumento o su un singolo quartiere. Il reportage dello studente può essere corredato con fotografie digitali, testi in dialetto, interviste a giovani e anziani, in maniera da ricostruire un'epoca e documentare delle storie.

CONCLUSIONI

Queste sei modalità di utilizzo della LIM testimoniano come essa sia in grado di sostenere diverse esigenze di insegnamento e apprendimento. La conoscenza descritta nel libro può essere agganciata a luoghi, immagini ed esperienze del mondo reale. Quello che appare sullo schermo è quindi un "ambiente" di apprendimento caratterizzato da molteplici saperi e varie modalità di rappresentazione.

2.2 Il "testo aperto" della lezione

Alessandra Anichini

Superfici duttili: smontare e ricomporre contenuti

Il compito della scuola non è solo di insegnare ad amare e rispettare i testi per ciò che rappresentano, ma anche di promuoverne l'interpretazione e quindi la critica. Anzi: quale luogo più della scuola risulta indicato per decostruire, smontare e ricomporre oggetti culturali (libri, testi, immagini, storie)? La scuola, quella vera, ha praticato da sempre quest'arte e ne ha fatta la sua virtù, svolgendo così il compito fondamentale di proporsi come un laboratorio attivo di ragionamenti e ipotesi, di soluzioni e progetti. Accompagnare gli studenti lungo percorsi di lettura e decodifica di messaggi, alla ricerca di significati che raramente si esauriscono, o guidarli nelle gincane di prove ed errori, rappresenta la tradizione della scuola di qualità, quella che fin dai primi anni usa forbici e colla, taglia, separa, riassembla, ricompone, scrivendo storie di meravigliosi, quanto provvisori, collage di conoscenze. Collage di conoscenze che lasciano nella mente di chi li realizza l'impressione netta di un metodo destinato a durare, come una reale competenza, per il resto della vita.

C'è stato un periodo in cui, nelle aule di scuola, qualcuno realizzava questo collage con i libri veri, quelli di carta, stampati e rilegati. Tante piccole mani si accanivano sulle pagine trasformandole in frammenti che, successivamente, con l'uso del ciclostile (e in seguito della fotocopiatrice), finivano per dar vita a nuovi lavori. Nascevano così miscellanee composte di brani tratti da volumi, rotocalchi e giornalini con l'aggiunta di scritti e illustrazioni a mano.

Nella scuola elementare, oggi primaria, andava di moda prodursi in proprio il libro di testo, attingendo a fonti svariate, volumi o materiali di altro genere. Oggi, con Internet, il "taglia e incolla" della conoscenza è diventato prassi condivisa, tanto che i docenti universitari, al momento della consegna dei primi capitoli di una tesi, sono soliti fare delle verifiche in Rete per controllarne l'autenticità o l'eventuale presenza di indebite attribuzioni. Al di là della diffidenza istintiva, si deve riconoscere l'abilità insita in queste operazioni di riscrittura, una capacità che può rappresentare una tappa fondamentale per lo sviluppo del pensiero critico. Niente di male, dunque, se questa prassi viene considerata una forma particolare di scrittura, preparatoria, appunto, ad altro.

L'estrema duttilità dei nuovi testi, la loro natura digitale hanno reso di colpo assai più agevole ciò che prima, comunque, si faceva tra mille difficoltà. Avere a che fare con testi digitalizzati può facilitare molto il lavoro di una scuola "attiva", abituata a non prendere per buono, così come si presenta, il *verbum* fissato dallo scritto, ma a

riscrivere incessantemente informazioni, notizie, resoconti. Avere a disposizione, poi, una superficie di grandi dimensioni sulla quale scomporre i testi e "costruire" pagine, un vero e proprio spazio di progettazione di contenuti, che si potranno poi eventualmente stampare, rappresenta una grande occasione di creatività culturale.
La LIM come supporto per il testo elettronico rende così possibili operazioni di lettura e scrittura dei testi, secondo questa accezione tutta digitale: è importante, allora, cercare di capire da una parte quanto di ciò che già si faceva nelle aule potrà essere reso più facile, dall'altra quanto di inedito sarà possibile produrre. Ci interessa dunque sia stabilire una linea di continuità necessaria per immaginare una reale integrazione dei nuovi strumenti nella didattica di ogni giorno, sia definire i tratti veramente originali, determinati dall'uso di nuovi dispositivi per fare scuola.
Procediamo in questo ragionamento facendo riferimento ad alcune esperienze centrate proprio sull'uso della lavagna nella didattica della lingua, di quella *literacy* che rappresenta una delle competenze fondamentali degli studenti, il nostro "leggere, scrivere e riflettere sulla lingua".

SUPERFICI PER LEGGERE: LA LETTURA CONDIVISA

Le dimensioni fanno della lavagna digitale uno spazio idoneo per una lettura *sui generis* rispetto a quella praticata sui libri. Nel 1979 Don Holdaway utilizzò per primo l'espressione *big book approach* per definire una metodologia di lettura condivisa, condotta con il supporto dei "grandi libri", volumi di dimensioni consistenti che permettevano di vedere il testo a distanza considerevole. Don Holdaway sostenne il modello didattico dello *shared reading*: una sola persona legge ad alta voce, mentre tutti i presenti vedono simultaneamente le parole pronunciate, oltre alle eventuali immagini di corredo. Si tratta di una pratica assai consueta, diffusa soprattutto nei primi gradi dell'istruzione dove la lettura "in cerchio" dei volumi illustrati è considerata un momento pregnante per la socializzazione dei significati. Qualcuno ricorderà anche la lettura con l'episcopio, uno strumento oggi in disuso, che permetteva di proiettare sulla parete le pagine di un qualsiasi volume: ciò rendeva possibile la lettura collettiva di un libro, in quegli spazi di biblioteca ritagliati dall'orario di classe. È facile immaginare, oggi, come questo tipo di attività possa essere favorita dalla lavagna digitale, trattata come un nuovo supporto per il testo, un supporto dai vantaggi innegabili quali:

- *la dimensione*, che favorisce la visualizzazione a distanza;
- *la possibilità di praticare nuove forme di lettura*, ossia una lettura "multimediale" di parole e immagini. Con la LIM, le parole possono infatti muoversi, comparire, scomparire, seguire un

preciso ritmo di apparizione, diventare suono nel momento in cui sono lette da una voce narrante, così come le immagini possono animarsi, trasformandosi in filmati;
- *la possibilità di intervenire sul testo*, per cui ogni "pagina" può essere manipolata tramite segni eseguiti direttamente sul testo, sottolineature, riquadri, colori, ecc.

Se la storia narrata resta la stessa, profondamente nuovo sarà il modo con cui il lettore vi si accosterà.
Alla lettura ad alta voce, praticata con l'ausilio della lavagna interattiva, è dedicata una piccola ma significativa esperienza condotta in una scuola scozzese, la Hallside Primary School, nel South Lanarkshire[1]. La docente, Sheena Martin, racconta le attività svolte nella propria classe (corrispondente a una nostra quarta elementare). La ricerca intende misurare i vantaggi e gli svantaggi introdotti dall'uso della LIM nelle lezioni di tecnica della scrittura rivolte all'intera classe. In particolare si vuole indagare quanto la lavagna favorisca l'analisi e la riflessione sulla lingua scritta di autori noti, come attività propedeutica alla definizione dei generi e alla composizione spontanea da parte degli alunni. Durante le lezioni con gli alunni, i testi sono prima letti e "ascoltati" tramite la lavagna, poi si interviene su di essi con una serie di esercizi di analisi in cui gli allievi sono direttamente coinvolti, selezionando brani e parole, smontando frasi e riformulando concetti. Le conclusioni sono significative: questo tipo di approccio presuppone una *revisione delle tradizionali strategie di insegnamento*. L'introduzione dei nuovi strumenti costituisce un'occasione per valorizzare quanto già si fa nella scuola, ma anche e soprattutto per rivedere, alla luce delle nuove opportunità offerte dall'innovazione tecnologica, le pratiche educative tradizionali.

SUPERFICI PER STUDIARE: LA MANIPOLAZIONE DEI TESTI

In particolare, tra le nuove opportunità offerte dalla LIM, domina l'idea di un testo che non è fisso, ma che si manipola a piacimento. Un'esperienza interessante per l'acquisizione delle competenze linguistiche di base (*literacy*) è, in questo senso, quella documentata dal National Whiteboard Network inglese[2]. Si tratta di una semplice attività, per certi versi molto simile a quanto gli insegnanti fanno in maniera tradizionale, e che può facilmente essere replicata

[1] Si veda il testo dell'articolo all'indirizzo: http://www.blackwell-synergy.com/doi/abs/10.1111/j.1467-9345.2007.00449.x.
[2] Il National Whiteboard Network, appendice della Primary National Strategy, è un organismo ministeriale nato in Gran Bretagna nel 2004 a supporto dell'introduzione delle LIM nella scuola. L'esperienza citata, dal titolo *Using ICT Effectively in the Literacy Hour*, è disponibile in rete all'indirizzo: http://www.standards.dfes.gov.uk/primaryframework/library

nelle nostre scuole. I testi devono essere preventivamente acquisiti dal computer tramite scanner e proiettati sulla lavagna; può trattarsi di elaborati svolti da studenti, e allora il docente o i compagni hanno la facoltà d'intervenire direttamente su di essi. Infatti:

- *il testo elettronico consente al docente di inserire direttamente correzioni nei compiti dei propri studenti, di ricostruire e dare forma al processo di scrittura, inserendo suggerimenti e appunti durante tutte le fasi di costruzione del testo stesso.* L'insegnante può facilmente "chiosare" il testo, stabilendo un sistema di livelli (*layer*) che consentono di distinguere tra le varie versioni e ricostruire, quasi filologicamente, la genesi. Qualcosa di molto simile, dunque, al processo di correzione con la penna rossa: solo che in questo caso il supporto rende estremamente agevole l'intero processo di revisione, consentendo di nascondere o reinserire a piacimento correzioni e modifiche e restituire lo "storico" degli interventi con grande facilità.

Oltre a questo, è possibile poi operare a livello tipografico sul testo per favorirne l'analisi, ottenendo il vantaggio di:

- *orientare l'attenzione degli studenti su diversi aspetti del testo, enfatizzando alcune parti tramite l'inserimento di corsivi, di sottolineature o di grassetti.* Allo stile tipografico viene attribuita, ad esempio, la funzione di rappresentazione delle diverse parti del discorso. Si possono enfatizzare brani, parole o attribuire ad essi un certo ruolo all'interno del contesto.

Oppure si possono giustapporre testi diversi sulla stessa superficie di lettura, per cui diventa possibile:

- *analizzare peculiarità stilistiche, ponendo a confronto testi di autori diversi collocati a fianco sullo schermo.* Il docente può effettuare operazioni di confronto su testi simultaneamente visibili. Tramite gli strumenti messi a disposizione da un qualsiasi word-processor si possono poi effettuare conteggi e rilievi sui testi, per discutere le diverse forme di testualità o per confrontare i diversi stili.

Sostanzialmente si tratta di approfittare dell'estrema duttilità del digitale per favorire quelle operazioni di "manipolazione" dei testi alfabetici, che possono andare dalla semplice analisi della struttura grammaticale di una frase ai giochi di spostamento di parole e brani per comprendere l'organizzazione logica di un testo o analizzarne le peculiarità comunicative.
In questo senso il digitale diverrebbe l'occasione per fare meglio di

prima un tipo di attività di analisi che generalmente prelude, o meglio accompagna, l'acquisizione delle competenze di scrittura da parte degli studenti. Ciò accade o dovrebbe accadere nella scuola di qualsiasi ordine e grado. Chiunque abbia insegnato in una classe di scuola primaria sa bene, ad esempio, quanta parte abbia l'attività quasi ludica di ricomposizione di parole e frasi durante le prime fasi di acquisizione della scrittura e della lettura, una modalità di approccio che prosegue negli anni seguenti e viene riutilizzata, talvolta, nell'apprendimento della grammatica o della sintassi. Sostituzione, spostamento, confronto, separazione e ricomposizione sono le operazioni suggerite, spesso tramite l'uso della lavagna di ardesia, o, meglio, di cartoncini mobili scritti a mano.

Immaginiamo, allora, di effettuare le stesse operazioni con l'ausilio di testi in digitale e di uno spazio di proiezione, per di più interattivo, agibile fisicamente, non solo tramite tastiera, ma anche, in alcuni casi, con il semplice uso della mano. Il testo si offre come materia malleabile con la quale si può "giocare" a piacimento, mantenendo traccia e memoria di tutte le operazioni compiute.

La magica combinazione di software per il trattamento del testo e di superficie interattiva può rappresentare dunque un potenziamento della lezione frontale o delle attività di riflessione rivolte alla classe o a gruppi di alunni. Oltre a questo è importante sottolineare un altro vantaggio:

- *quando lavora con il testo elettronico, lo studente può scrivere in maniera collaborativa, poiché ha la possibilità di rivedere e correggere le diverse versioni di un elaborato.* Proprio in virtù della flessibilità, redigere testi a più mani può divenire un'attività facilmente praticabile su e con la lavagna digitale: o in un lavoro di confronto diretto tra i vari partecipanti alla stesura, in maniera sincrona, in presenza o on line, oppure lavorando, all'interno di spazi di condivisione, su documenti, anche a distanza, operando modifiche e praticando aggiunte sullo stesso testo, ma in tempi diversi.

SUPERFICI DI COLLABORAZIONE SUL TESTO

Uno studio condotto in Finlandia presso l'Università di Tampere insiste proprio sulla natura collaborativa della LIM[3]. L'esperienza, svolta in una scuola dell'infanzia, prevede lo sviluppo della collaborazione tra i piccoli studenti quale momento fondamentale per la loro crescita cognitiva e affettiva. La lavagna digitale viene vista come uno strumento particolarmente incline a favorire questo ap-

---

[3] S. Ovaska, P. Hietala e M. Kangassalo, *Electronic Whiteboard in Kindergarten: Opportunities and Requirements*, 2003.

proccio di gruppo al lavoro, nonché estremamente indicato per condurre una serie di attività ritenute fondanti nello sviluppo delle competenze dei bambini.

- *Una lavagna interattiva ha la facoltà di supportare molte abilità dei bambini, per esempio se utilizzata come strumento per modellare, per pianificare, per progettare, per raccontare.* Manipolare, pianificare, progettare, raccontare costituiscono il fulcro del lavoro con i bambini, secondo una sorta di progressione che sembra procedere verso gradi crescenti di astrazione. Certo, potremmo aprire qui un'ampia riflessione sul significato che ognuno di questi termini assume in un contesto "digitale". È possibile, infatti, parlare di manipolazione? E che cosa significa, soprattutto tenendo conto dell'età dei bambini in questione? E ancora: che cosa diventa il narrare, se si appoggia a strumentazioni diverse dalla semplice voce o dal libro? Ogni domanda richiederebbe studi specifici, ci basti per ora porla in termini critici, accogliendo come assunto principale il fatto che la progettazione debba considerarsi lo specifico di una superficie sulla quale è possibile condurre una serie di operazioni non consentite su carta, neppure su grandi fogli mobili. Usare la superficie della lavagna digitale come ponte verso la realtà, come strumento per progettare qualcosa che poi potrà essere realizzato, sembra rappresentare una delle scelte più praticate.

- *I bambini possono, per esempio, descrivere modifiche da introdurre nel loro ambiente. Possono progettare nuovi strumenti, o materiali per i loro giochi. Possono ridefinire i loro ambienti di gioco interni ed esterni e costruire molti oggetti fantasiosi. Inoltre, quando hanno imparato a usare uno strumento, possono immaginarne nuove possibilità di utilizzo nelle loro attività.* Considerata l'età dei bambini, lo spazio lasciato all'improvvisazione è la giusta difesa di una creatività che rischierebbe altrimenti di essere ingabbiata da strumentazioni troppo precise. Nella scuola dell'infanzia a maggior ragione (ma questo vale per ogni altro ordine di scuola) la progettazione deve corrispondere a una fase aperta ai tentativi per prove ed errori, un sistema che è certo favorito da quella caratteristica insita nel digitale che è rappresentata dalla possibilità di re-intervenire in maniera continua su un determinato "testo".

- *Gli evidenti benefici di un computer – nell'archiviare, modificare e riutilizzare materiali da precedenti sessioni – sono significativi in ognuno dei ruoli descritti sopra. In teoria, una lavagna interattiva aggiunge a questo un altro beneficio: quello di presentarsi come una grande, mutevole superficie per azioni simultanee da effettuarsi con una semplice penna.* Questo aspetto rappresenta, a nostro avviso, una delle doti più rilevanti della nuova superficie digitale, uno spazio dove il rapporto tra la traccia, l'appunto, la bozza, la preparazione, l'improvvisazione da una parte e la raccolta, l'archiviazione, la fissazione di dati e concetti dall'altra, si presenta per la prima volta così significativamente stretto. E trattando, giorno dopo giorno, con testi "aperti", si può forse contribuire a riscrivere, in parte, quegli assunti della nostra cultura e a modificare un retaggio di secoli che ci ha abituato alla fissità della carta stampata.

Leonardo Tosi

2.3 Rappresentare e costruire le conoscenze con la lavagna digitale

Esistono differenti modalità per insegnare e promuovere l'apprendimento. Gli approcci più tradizionali privilegiano il trasferimento di nozioni in forma testuale e orale dove l'apprendimento è soprattutto un lavoro mentale di ricostruzione astratta e di memorizzazione del sapere. Con questa modalità, che tuttora caratterizza l'esperienza scolastica, si produce però una *conoscenza inerte*, decontestualizzata dalle situazioni reali e dai problemi concreti e incapace di offrire allo studente strumenti per "dare senso alla sconcertante moltitudine dei fenomeni naturali e sociali incontrati dagli studenti fuori dalla scuola". La conoscenza resta inerte "perché le sue essenze non sono mai scoperte dagli studenti, e di conseguenza gli studenti non hanno occasione di usare queste essenze per dedurre, spiegare, predire, padroneggiare praticamente fenomeni concreti e problemi del loro ambiente" (Engeström, 1995).

A questa modalità possiamo contrapporre esperienze di insegnamento capaci di sviluppare una "conoscenza attiva" dell'oggetto di apprendimento.

Alcuni autori, per indicare l'efficacia di questo approccio, rievocano la metafora della bottega dell'artigiano, laddove attraverso un naturale processo di apprendistato, l'esperto era capace di guidare i propri allievi all'uso di strumenti e tecniche anche complessi. In questo approccio gli strumenti svolgono un ruolo cruciale, diventano dei "mediatori" che, come nella bottega dell'artigiano, permettono di facilitare "l'attività umana fornendo un supporto all'attività intellettuale, consentendo un'espansione delle capacità di memoria, di elaborazione e di gestione di informazioni di diversa natura" (Pontecorvo, 2000).

È soprattutto in questa prospettiva che la LIM può diventare un indispensabile strumento per l'apprendimento.

Una finestra sul mondo

Esplorazione visiva

La LIM viene spesso definita come una "finestra sul mondo", a testimonianza della possibilità di aprire la classe al mondo esterno, estendendo un ambiente che per troppo tempo è rimasto chiuso in se stesso e costretto a spiegare "le cose del mondo" solo con libri e parole. La LIM offre possibilità inedite per esplorare e indagare visivamente la realtà.

L'importanza di fare esperienza visiva degli oggetti di apprendimento è stata evidenziata fin dal 1637 da Comenio, che chiamava "autopsia" la modalità dell'apprendere attraverso la visione diretta dell'oggetto di studio. La LIM offre non solo la possibilità di guardare fuori, ma anche quella di osservare meglio, focalizzando particolari nascosti e rendendo disponibili dimensioni diversamente non accessibili.
La classe ha la possibilità di partecipare a viaggi virtuali da un estremo all'altro del globo, assistere alla ricostruzione di antiche civiltà e fare esperienza visiva di oggetti microscopici o lontani nello spazio.
In tutto questo è determinante il ruolo dell'insegnante: è lui che accompagna l'osservazione e che consente di sviluppare uno sguardo critico, è lui l'esperto che ferma il tempo, ingrandisce le immagini per spiegare i dettagli e accompagna i ragazzi con il "discorso didattico" a viaggiare nei secoli o nel cosmo.
La realtà passata e presente, ingrandita, rimpicciolita, rallentata o velocizzata, sottoposta allo sguardo con il fermo-immagine, può essere manipolata per vederne gli effetti in condizioni diverse (modificando i parametri di riferimento) e analizzata in situazioni difficilmente sperimentabili.

ESPERIENZE DIDATTICHE

Passiamo adesso a descrivere alcune idee concrete per impostare esperienze didattiche su queste cinque dimensioni limite: l'*infinitamente grande*, l'*infinitamente piccolo*, il *lontano nel tempo*, il *lontano nello spazio* e l'*immateriale astratto*.

L'INFINITAMENTE GRANDE

Attraverso i video digitali possiamo mostrare agli studenti, a pieno schermo, un'eclisse o le immagini da un satellite, con il fermo-immagine è possibile evidenziarne alcuni aspetti, con lo strumento che cattura i particolari possiamo soffermarci su alcuni frammenti, fare osservazioni, proporre confronti con altre immagini, costruire esercitazioni, chiedere ai ragazzi di annotare informazioni.
Attraverso applicazioni on line come *Microsoft WorldWide Telescope* è possibile viaggiare attraverso il sistema solare e le costellazioni, misurare le distanze, scegliere la vista da un satellite e su parti specifiche. L'insegnante può proporre un percorso di scoperta, chiedere a uno studente di presentare alla classe alcuni temi della lezione e sostenere forme di lezione dialogate.
Con *Google Sky* è possibile usare mappe del cielo per seguire le orbite dei pianeti con un sistema che ne simula i movimenti; il docente può fermare l'immagine, ingrandire un dettaglio, catturare un'immagine, evidenziare particolari e aggiungere informazioni.

L'infinitamente piccolo

Connettere un *microscopio digitale* alla LIM consente di riportare sulla grande superficie digitale la meraviglia delle immagini dell'infinitamente piccolo. Possiamo poi utilizzare le funzioni di "fermo immagine", selezionare parti, aggiungere informazioni, evidenziare, comparare, ritagliare. Attraverso i video possiamo mostrare una mitosi, l'evoluzione di una larva, i dettagli di un insetto. Più semplicemente, si possono utilizzare singole immagini risultanti da fotografie di ingrandimenti rese disponibili in formato digitale. Attraverso simulazioni e ricostruzioni si possono visualizzare dinamicamente la catena del DNA, l'azione degli enzimi, le orbite degli elettroni. Attraverso schematizzazioni e riproduzioni semplificate è possibile studiare sistemi complessi o processi che necessitano della visualizzazione contestuale e simultanea di una grande quantità di informazioni.

Lontano nel tempo

Sulla lavagna è possibile riprodurre fotografie digitali di reperti dell'antichità, ricostruzioni di architetture e civiltà del passato, reperibili on line su siti quali *History Channel*. Intere ere geologiche sono state ricostruite in formato digitale tridimensionale (3D), con ambienti immersivi che permettono ai più giovani di muoversi nella preistoria con la logica del videogioco. Il sito di *National Geographic* permette, ad esempio, di esplorare la storia dell'umanità rappresentando il globo terrestre con un modello dinamico tridimensionale che permette di soffermarsi sui dettagli delle diverse aree del mondo e nelle diverse ere della storia, spostando la datazione sulla linea del tempo. Il sito *Hyper Media Berlin* permette di viaggiare sulla linea del tempo della storia della città tedesca, supportando con documentazione multimediale le varie fasi storiche. Estratti di film e documentari possono servire, di volta in volta, per rafforzare la memoria, motivare lo studio o per vivacizzare la spiegazione. Tramite software specifici che propongono *atlanti storici* è possibile muoversi nel tempo evidenziando dettagli relativi a specifiche aree.

Lontano nello spazio

Google Earth permette di viaggiare in ogni parte del globo visualizzando i dettagli sulle riproduzioni ad alta risoluzione delle diverse aree della terra. Si possono costruire percorsi personalizzati e proporre ogni tipo di interazione, combinando le funzioni del software della lavagna con quelle dell'applicativo Google. *Google Maps* permette di combinare le immagini del satellite con mappe interattive di ogni parte del mondo. Accanto ad applicazioni specifiche, è possibile usare mappe e immagini in formato digitale per evidenziare distanze e località, aspetti morfologici e politici, raffrontare aree geografiche in diversi periodi della storia e sovrapporre carte di epoche diverse. Immagini di luoghi difficilmente raggiungibili possono essere usate per riprodurre caratteristiche e dettagli specifici. Molto diffuso è il *sistema GIS* (Sistemi Informativi Geografici) che permette di visualizzare, tramite appositi software, la localizzazione e distribuzione di elementi geografici, demografici, sociali e religiosi.

L'immateriale astratto

È possibile tracciare figure geometriche, rappresentare graficamente sul piano cartesiano punti e rette attraverso software didattici come *Geogebra* e *Geometer's Sketchpad*. L'uso di software specifici sulla LIM offre alla classe la possibilità di visualizzare concetti astratti e manipolare variabili, ma anche di svolgere operazioni logico-matematiche chiamando in causa gli studenti e trasformando un approccio per tentativi ed errori in conoscenza utile per tutta la classe. Vedere sulla grande superficie come variano la posizione e la forma di una curva nello spazio cartesiano al variare dei parametri è un valore aggiunto dovuto alla combinazione tra il software della lavagna e i software didattici specializzati. Usando contestualmente la funzione di "cattura immagine" e le funzioni di editing, è possibile rendere più efficace la spiegazione, proporre esercizi e far partecipare attivamente gli studenti.

Il laboratorio in classe

Software e contenuti per la LIM

Le esperienze proposte in queste cinque aree forniscono le direttrici su cui costruire, nel rispetto delle specificità dei singoli ambiti disciplinari, ulteriori esperienze didattiche, basate sull'integrazione tra le seguenti quattro componenti:

- il software della lavagna digitale;
- i software didattici specializzati nei vari ambiti disciplinari;
- i contenuti multimediali e interattivi degli specifici ambiti disciplinari;
- i contenuti liberamente presenti in Rete.

Ciò consente, sotto la regia e la mediazione didattica dell'insegnante, lo sviluppo di una nuova accezione di "didattica laboratoriale", da effettuare in classe e da sottrarre all'esclusiva ed episodica sortita nell'aula-laboratorio. In quest'ottica, il processo di costruzione delle conoscenze, oltre che dai software e dai contenuti digitali già citati, è potenziato anche dall'utilizzo di strumenti ag-

giuntivi che consentono di "acquisire" qualunque contenuto reale o memorizzato su supporti digitali o cartacei, permettendone la "rappresentazione" sulla superficie della lavagna. Si pensi, ad esempio, a qualunque dettaglio del mondo esterno fotografato o ripreso da una foto/video camera digitale (e trasferibile sul computer della lavagna), a qualunque testo o immagine raffigurata su supporto cartaceo acquisibile tramite scanner, a immagini provenienti da microscopi digitali o dai cosiddetti *visualizer* (strumenti ottici digitali con potenti funzionalità di ingrandimento che permettono di acquisire e rappresentare in tempo reale sullo schermo della lavagna qualunque oggetto o documento).
La FIGURA 1 evidenzia questo processo di acquisizione-costruzione-esportazione della conoscenza.

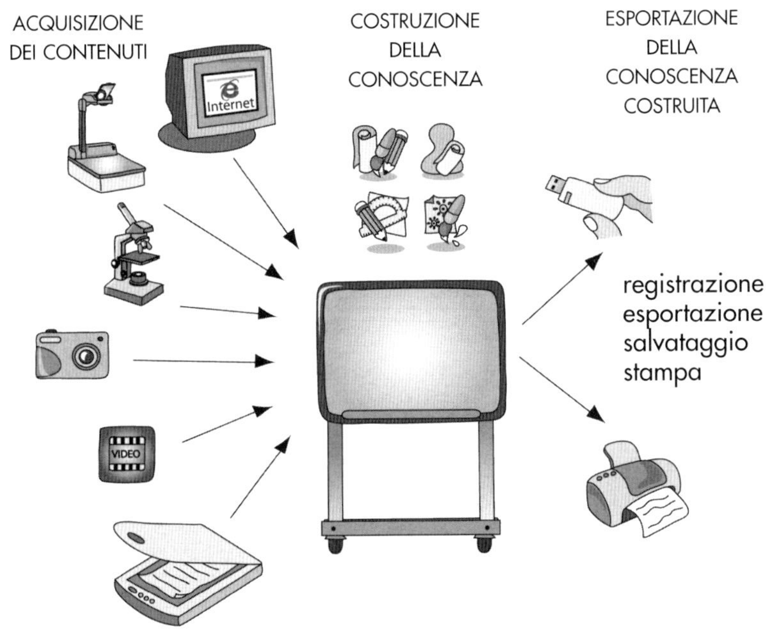

FIGURA 1 – *Processo di acquisizione-costruzione-esportazione della conoscenza.*

La LIM può dunque abilitare il passaggio da una modalità di apprendimento di tipo "manualistico" a una "laboratoriale", adesso finalmente possibile grazie a questo ambiente di "apprendistato cognitivo" che la LIM consente di sviluppare direttamente in classe.

2.4 La lavagna al centro dell'attenzione: coinvolgere e motivare la classe

Giusy Cannella

Le nuove tecnologie didattiche costituiscono una variabile da gestire con grande attenzione all'interno dei processi di insegnamento e apprendimento, proprio per la loro influenza sul processo cognitivo. In riferimento alla LIM, le ricerche finalizzate a investigare gli atteggiamenti degli studenti verso questa nuova tecnologia hanno rilevato che essa esercita un'influenza positiva sulla loro attenzione, motivazione e partecipazione al processo di apprendimento. Ma, che cosa può convincere uno studente a impegnarsi?

I FATTORI CHE INFLUENZANO L'APPRENDIMENTO

Tra i fattori che influenzano il piacere di apprendere rientra anche la "varietà" delle azioni e l'elemento "novità" che la varietà comporta. Non dimentichiamo poi un altro elemento del processo cognitivo e cioè "l'elemento affettivo". Non avviene nessun apprendimento senza il "coinvolgimento affettivo". Lo studente coglie gli stimoli esterni e procede a una loro valutazione sulla base degli elementi di novità in essi presenti, della loro attrattività, della loro funzionalità rispetto al bisogno, e della fattibilità del compito. La percezione di questi aspetti da parte dello studente deve essere tale da non intaccare l'autostima, per impedire che si inneschi il filtro affettivo, cioè quell'ostacolo emotivo che non permette di acquisire le informazioni provenienti dall'esterno.
In virtù della facilità di accesso alle informazioni è oggi possibile individualizzare tempi, luoghi e ritmi dell'apprendimento, ma gli studenti devono imparare a regolare la propria motivazione e la propria autostima.
Molto dipende dalla capacità di sviluppare interventi educativi efficaci, in cui vi sia equilibrio tra tensione e piacere. Le caratteristiche attribuite alle tecnologie interattive, e alla LIM in particolare, vanno in questa direzione, in quanto offrono un'ampia possibilità di "costruzione" e, grazie all'attivazione di diversi canali di comunicazione, possono indurre una migliore comprensione degli argomenti studiati.
Come può l'utilizzo della LIM influire su questi aspetti?
Partendo dal presupposto che la conoscenza si costruisce, l'insegnante, oltre a individuare sempre nuovi e diversi modi di proporre i contenuti di apprendimento, dovrà sempre più aiutare lo studente a sviluppare "strategie cognitive per sostenere la motivazione". Alcune caratteristiche della LIM ci consentono di perseguire questo obiettivo, in quanto:

- l'ampiezza dello schermo attira l'attenzione;

- il linguaggio visivo e sonoro migliora la comprensione perché va incontro ai diversi stili cognitivi;
- l'uso di strumenti e risorse didattiche (righelli, griglie, linee, sfondi) simula le situazioni reali e coinvolge lo studente;
- la possibilità di manipolare oggetti (compassi, squadre, ecc.) favorisce una metodologia di apprendimento basata sull'interattività.

LE SIMULAZIONI DIDATTICHE

Qualcosa di simile accade nelle simulazioni didattiche. Basate sulla riproduzione di meccanismi e processi che stanno dietro a fenomeni reali, le simulazioni didattiche coinvolgono in prima persona lo studente, stimolano alla sfida e, se il compito non è troppo complesso, generano un atteggiamento sereno e non ansioso.
In alcune circostanze, gli studenti non pongono molta attenzione al compito da svolgere e si soffermano solo superficialmente sulla richiesta. In questo modo non affrontano il problema e non seguono il percorso logico per arrivare alla soluzione. In termini motivazionali questo genera frustrazione e provoca problemi di comportamento e di distrazione dalla lezione. La simulazione, invece, propone un modello di didattica in cui ogni studente è "collega" e "maestro" degli altri nel tentativo di procedere insieme alla soluzione di un problema comune.
Una situazione di questo tipo può essere ricreata con la LIM. Sebbene non presenti le caratteristiche di un ambiente "immersivo", né le funzionalità tipiche di una simulazione, l'uso della LIM in classe crea le condizioni per quel tipo di esperienza coinvolgente, capace di catalizzare l'attenzione degli studenti, generare variazioni di comportamento e favorire la persistenza al compito richiesto dall'insegnante, tutti aspetti tipici delle esperienze ludiche. I primi due aspetti sono da attribuire all'ampiezza dello schermo e alla multimedialità (effetti sonori, presenza di immagini, utilizzo di video), mentre la persistenza al compito è legata a una maggiore interazione tra gli studenti. Inoltre, la risposta immediata (feedback) alla soluzione del problema (una soluzione che lo studente può "scoprire" progressivamente e autonomamente attraverso gli strumenti di manipolazione della LIM) favorisce un apprendimento significativo.
Come altri sistemi di proiezione, la LIM permette di utilizzare contenuti multimediali e materiali didattici digitali preparati dal docente prima della lezione (Beauchamp, Parkinson, 2005). In classe, l'interattività della superficie consente, però, di creare annotazioni e di utilizzare software didattici ad hoc, suggeriti per svolgere le attività di avvio della lezione.
Inoltre, se si impiega la LIM per ricercare informazioni (sfruttando il collegamento del PC a Internet), per organizzarle e per salvarle, si

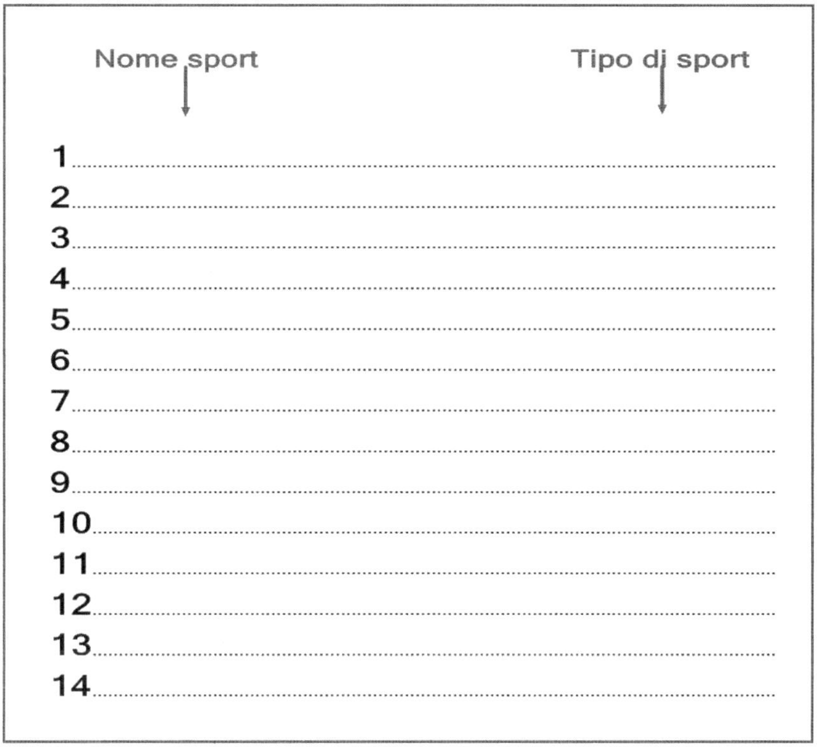

FIGURA 1 – *Esempio di esercitazione dove sono richieste conoscenze pregresse e nuove (disciplina: scienze motorie; classe: prima della scuola secondaria di primo grado).*

solleciterà lo studente a mettere in campo "strategie metacognitive" per la lettura e l'organizzazione dei dati, utilizzando, nel contempo, competenze pregresse (FIG. 1).

CAPACITÀ METACOGNITIVE

Ad esempio, può capitare che uno studente impari la lezione a memoria, senza aver elaborato e fatte proprie le informazioni ricevute. Per aiutarlo a migliorare il metodo di apprendimento, sostenendone la motivazione allo studio, sarà necessario porgli domande non solo sul contenuto, ma anche sulle modalità di acquisizione. Un'attività utile per stimolare questo momento di riflessione sulle proprie competenze (abilità metacognitiva) è l'analisi del testo, che favorisce una riflessione sul linguaggio e lascia liberi gli studenti di esprimersi e di spiegare le loro scelte, stimolandoli al ragionamento. La LIM favorisce i confronti tra gli esercizi svolti in classe, stimolando un processo di *peer review* (revisione tra pari), sulla base, ad esempio, della realizzazione di mappe concettuali che utilizzino le paro-

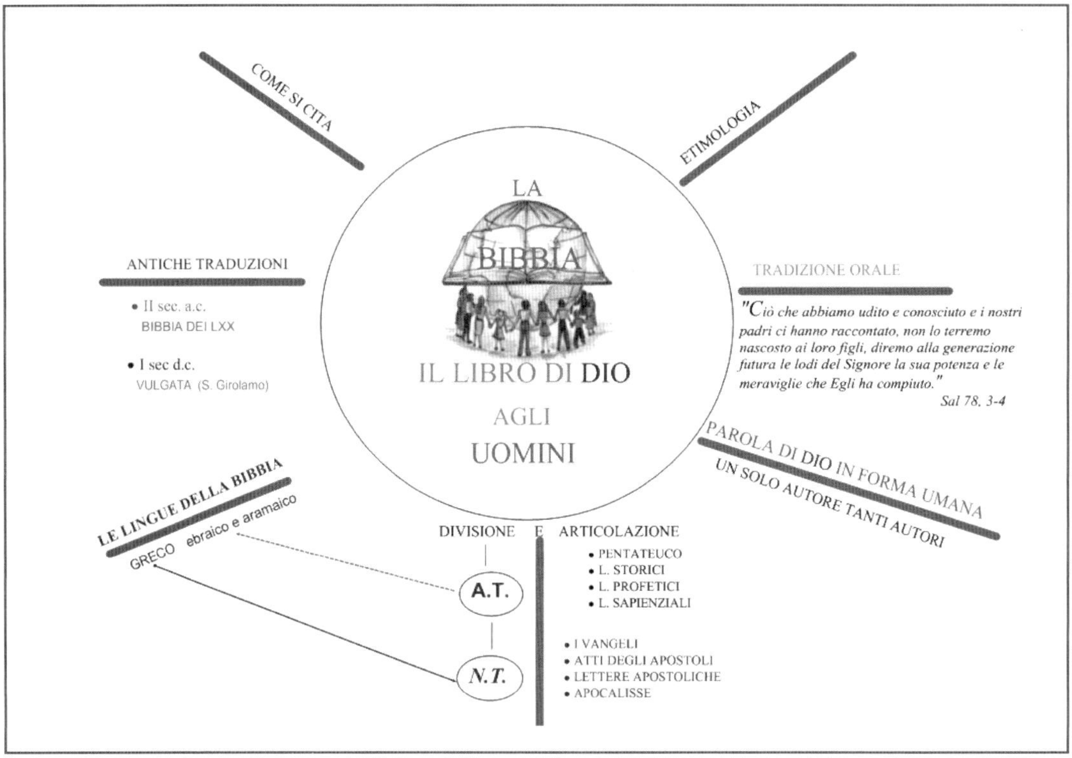

FIGURA 2 – *Un esempio di mappa concettuale realizzata con la LIM (disciplina: religione; classe: prima della scuola secondaria di primo grado).*

le scelte dagli studenti e di un successivo confronto con quelle utilizzate dall'autore del libro. Ciò rappresenta un modo per focalizzare l'attenzione sui contenuti senza dimenticare il coinvolgimento attraverso il gioco (FIG. 2).

LINGUAGGI, CONOSCENZA E MOTIVAZIONE: LE MATERIE PRIME DELL'APPRENDIMENTO

La LIM può essere utilizzata per sviluppare capacità metacognitive anche nei bambini. In un esperimento realizzato in una scuola anglosassone è stato chiesto a un gruppo di bambini di 5-6 anni di esprimere pensieri interni e dialoghi esterni attraverso due diversi tipi di nuvolette da fumetti, rappresentabili sulla LIM. Il linguaggio visivo si è rivelato utile strumento per dare voce ai pensieri interni e favorire la consapevolezza di sé. La possibilità di lavorare per immagini, ritornandoci sopra all'occorrenza, e di interagire con la LIM (interazioni docente-lavagna e studente-lavagna) favorisce il processo di costruzione della conoscenza.
Vediamo come, partendo dal mezzo televisivo. La televisione è un medium dotato di un ricco sistema di simboli e immagini, stimolanti per chi li vede, ma senza la possibilità per l'utente (nel nostro

caso lo studente) di controllare i tempi dell'apprendimento, con la conseguenza che il cervello deve processare velocemente molte informazioni. La LIM consente, invece, di ritornare sui concetti chiave e di fissare i collegamenti logici tra le unità di conoscenza, gestendo al meglio i tempi dell'apprendimento.
Inoltre, la strutturazione delle unità di contenuto secondo un mix di testi, immagini e grafici favorisce la memorizzazione dei concetti chiave e l'alternanza tra queste unità e filmati videotematici, pertinenti con l'argomento in discussione, consente di mantenere alta la soglia dell'attenzione e il livello dell'apprendimento.
Così facendo, il processo di apprendimento è legato al ritmo dello studente, cioè viene personalizzato. Inoltre, la combinazione tra le interazioni cognitive di gruppo (domande, risposte, interventi) e l'ampio sistema di simboli e di possibilità di manipolazione degli oggetti offerto dalla LIM favorisce il coinvolgimento, la motivazione e l'attenzione sulle attività didattiche.

STRATEGIE PER SOSTENERE LA MOTIVAZIONE NEL TEMPO

I miglioramenti iniziali nell'apprendimento possono essere una conseguenza della novità introdotta, del cosiddetto "fattore *wow*". L'elemento novità, come abbiamo già anticipato, è uno dei fattori che influenzano la motivazione all'apprendimento, perché è uno degli elementi che influenzano la decisione di impegnarsi o meno nell'acquisizione di una nuova informazione.
Il problema è che il piacere della novità non è durevole nel tempo. Di qui la necessità di identificare strategie per sostenere nel tempo la motivazione verso lo studio. Gli studenti con una maggiore motivazione personale (o intrinseca) non ottengono necessariamente risultati migliori dei loro compagni meno motivati, ma hanno un "comportamento diverso" rispetto alla realizzazione del compito, cioè un comportamento esplorativo e una maggiore curiosità (aspetti tipici della motivazione intrinseca).
L'acquisizione di conoscenze e competenze nel contesto reale è legata, oltre a questo comportamento "abilitante", anche alle caratteristiche del compito (o meglio al livello di difficoltà percepito dello stesso) e alle caratteristiche dello studente per il quale si è progettato il compito. Queste caratteristiche determinano lo sforzo cognitivo necessario all'apprendimento.
Il contributo che le nuove tecnologie offrono ai fini del miglioramento della motivazione all'apprendimento risiede non solo in una maggiore autoregolazione del processo di acquisizione delle competenze disciplinari, ma soprattutto nello sviluppo di capacità metacognitive, le quali consentono di attivare conoscenze pregresse, organizzare nuove informazioni, nonché riflettere e imparare dagli errori.

Elettra Morini

2.5 La grammatica dell'interattività

Un laboratorio per l'apprendimento

Con l'introduzione della lavagna interattiva multimediale nell'ambiente classe vengono a verificarsi quelle condizioni che Donald Norman, psicologo cognitivo esperto di *Interaction Design*, auspicava già nel 1993: "Forse dovremmo servirci della tecnologia per fornire a chi impara una ricca banca dati di informazioni e di dimostrazioni: creare un laboratorio per l'apprendimento nel quale gli studenti possano esplorare e risolvere i problemi loro posti dagli insegnanti. In questo modo i docenti avrebbero un ruolo di assistenti alla scoperta della conoscenza e di guide all'esplorazione, alla riflessione e alla ristrutturazione della comprensione da parte degli studenti" (Norman, 1995).
Per comprendere che cosa si intenda per interattività, per indagarne le caratteristiche e valutarne il valore dal punto di vista didattico, il riferimento a discipline quali l'*Interaction Design* e la *Human Computer Interaction* è d'obbligo.
Proviamo a svelare quali siano i "trucchi del mestiere" dei progettisti dell'interattività e a evidenziare elementi essenziali e regole di quella che potremmo definire una vera e propria "grammatica dell'interattività".

L'interattività della LIM

La superficie della nuova lavagna è interattiva: il contenuto visualizzato può essere "toccato", trasformato e manipolato con pochi gesti e in tempo reale. Pensiamo, ad esempio, alla cartina geografica uno dei più tradizionali ma efficaci supporti per la didattica della geografia e immaginiamo di poter agire su di essa in modo interattivo: aumentare o diminuire la scala con pochi gesti, passare da una panoramica sui continenti al dettaglio sul proprio quartiere, scomporre la penisola italiana nelle sue regioni, ricomporre gli oggetti come in un puzzle.
Ai fini della didattica, la comunicazione del docente si può sviluppare a partire dall'azione diretta sull'informazione e sul contenuto presentato. Anche lo studente può agire direttamente sul materiale presentato, condividendo l'azione con l'intero gruppo classe. Il livello di attenzione dello studente è maggiore perché vengono stimolate le diverse intelligenze e i diversi stili cognitivi.
Al riguardo, recenti sperimentazioni dimostrano che la possibilità di manipolare oggetti multimediali migliora la comunicazione tra docenti e alunni all'interno del gruppo classe (Odic, 2005); inoltre, la manipolazione diretta degli oggetti risulta funzionale alla didattica speciale e all'inclusione di studenti con diverse abilità (Marquès, 2002).

Scegliere tra le diverse interazioni possibili

La letteratura scientifica del settore riconduce le interazioni che si possono fare sulla LIM ad alcune macrocategorie:

- *Drag-and-drop*: letteralmente "spostare" e "trascinare". Elementi grafici o testuali possono essere selezionati e spostati sulla pagina per collegare concetti, evidenziare relazioni, creare o modificare strutture ecc.
- *Hide-and-reveal*: letteralmente "nascondere e mostrare". È un sottoinsieme della categoria precedente: elementi grafici o testuali sono nascosti o svelati attraverso un meccanismo di "tendine" o sovrapposizioni per indirizzare l'attenzione dello studente, mostrare risposte corrette a confermare la comprensione di un concetto ecc.
- *Matching*: letteralmente "combinare, far corrispondere". L'azione compiuta è quella di spostare uno o più elementi selezionati con l'obiettivo di esplicitare visivamente la corrispondenza tra elementi grafici o testuali equivalenti, come, ad esempio, le frazioni in matematica o i vocaboli di medesimo significato per le lingue straniere.
- *Animation*: letteralmente "animare, rendere dinamico". Elementi grafici e testuali possono essere manipolati (ingranditi, rimpiccioliti, ruotati ecc.) per dimostrare o illustrare concetti, principi, strutture e modelli.

Il docente può realizzare lezioni interattive anche complesse combinando semplici operazioni di spostamento e trasformazione e utilizzando i software e le risorse didattiche disciplinari disponibili in rete.

LA "GRAMMATICA DELL'INTERATTIVITÀ"

Per arricchire il repertorio delle interazioni possibili, ma soprattutto per scegliere risorse e software in relazione ai propri obiettivi didattici, è necessario introdurre le regole base di quella che abbiamo definito come la "grammatica dell'interattività" (Liang Hai-Ning, 2006). Tali regole costituiscono un'utile bussola per orientarsi nel *mare magnum* delle risorse digitali per la didattica.

AFFORDANCE: ISTRUZIONI PER L'USO

Il termine *affordance*, mutuato dalla psicologia, può essere tradotto con l'espressione "invito all'uso" e si riferisce alla presenza, nello strumento che si intende utilizzare, di indicazioni che esplicitino in modo chiaro le diverse azioni possibili. È riferito pertanto a quegli elementi dell'interfaccia che suggeriscono allo studente quali azioni possono essere compiute e come. Alcuni esempi: la forma del martello ci indica chiaramente che deve essere impugnato dalla parte del manico, allo stesso modo il cambiamento nella forma del cursore/puntatore (freccetta/mano) quando si sfiora un elemento testuale o grafico indica la possibilità di interagire con quel particolare elemento (spostarlo, attivare un collegamento ipertestuale ecc.).

Quando si è in grado di riconoscere questi "inviti all'uso", l'attenzione è rivolta al compito e non alla comprensione del funzionamento dell'interfaccia.

DISTANCE: LE METAFORE DELL'INTERFACCIA

Il fattore "distanza" misura lo sforzo cognitivo necessario all'utente per comprendere le azioni da compiere per svolgere un compito o per raggiungere un obiettivo. La distanza non rappresenta necessariamente un fattore negativo, ma è importante che sia correttamente valutata. Se l'interfaccia di un software è complessa l'attenzione dell'utente sarà catturata dalla difficoltà a decodificarla piuttosto che dal compito assegnato.
Un esempio:

- Il software *Crayon Physics* (FIG. 1) permette di esplorare alcuni concetti basilari della fisica attraverso un approccio ludico. L'obiettivo è indicato nella pagina iniziale, così come gli strumenti a disposizione per raggiungerlo. Il gioco consiste nel raccogliere le stelle catturandole con la pallina rossa; la pallina rossa si muove se viene colpita da oggetti di varia forma che l'utente può disegnare e che si comportano obbedendo alla legge di gravità. Quando il gioco inizia, l'interfaccia "sparisce", il solo pensiero dell'utente è: che forma posso disegnare per far sì che la pallina rossa raggiunga la stella?

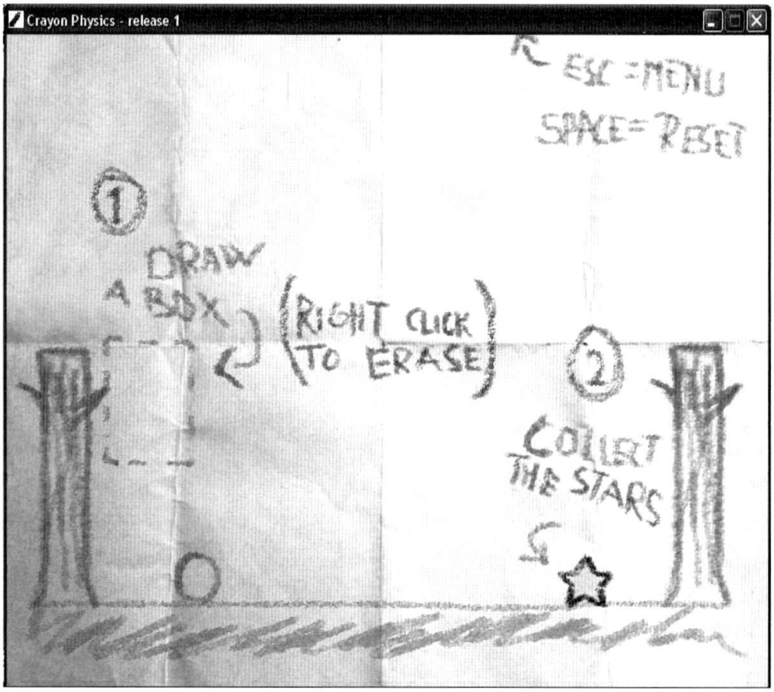

FIGURA 1 – *Il software* Crayon Physics.

Il termine *scaffolding* si riferisce a strumenti e strategie di supporto alla comprensione. Una strategia di *scaffolding* consiste nella diminuzione graduale o nella modifica degli aiuti esterni (*scaffolds*, letteralmente "impalcature") man mano che si procede con i diversi stadi o livelli dell'interazione. Se riferita alla rappresentazione, può riguardare cambiamenti graduali nei supporti visivi, mentre, se riferita all'interazione, riguarda l'accesso progressivo a operazioni più complesse.
Il docente può decidere di avvalersi di queste strategie di supporto per guidare l'attenzione dello studente o accompagnarlo nel passaggio a livelli superiori di comprensione.

SCAFFOLDING: SUPPORTO ALLA COMPRENSIONE

Il termine riguarda lo "scambio di informazioni" tra l'utente e i contenuti. I feedback permettono all'utente di conoscere il risultato delle proprie azioni. Possono manifestarsi prima /dopo l'azione, immediatamente o dopo uno specifico lasso di tempo oppure solo su richiesta. Il tipo di feedback più adeguato dipende dai processi cognitivi che il software intende supportare.

FEEDBACK: LE "PAROLE" DELL'INTERAZIONE

Esempio:

- Il *Learning Object Speedy Counting*, realizzato dall'Agenzia Nazionale per lo Sviluppo dell'Autonomia Scolastica, prevede una serie di esercizi di ripasso sulle quattro operazioni matematiche. Lo studente deve trovare il risultato dell'operazione e cliccare sul palloncino colorato corrispondente nel minor tempo possibile. Il sistema riconosce le risposte giuste e sbagliate, riduce (in caso di errore) i tentativi a disposizione, prevede un sistema di countdown e rallenta il movimento dei palloncini per facilitare la selezione della risposta corretta (FIG. 2).

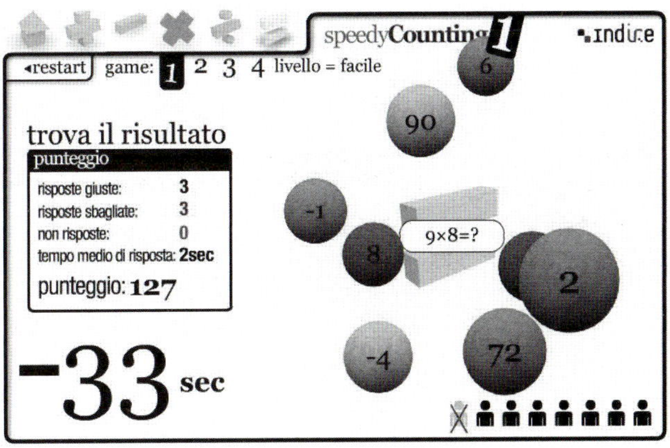

FIGURA 2 – *Il* Learning Object Speedy Counting.

Il termine *directness* si riferisce all'oggetto dell'interazione dell'utente. Legato al concetto di *distance*, permette di identificare se la manipolazione dell'utente avviene sull'oggetto-rappresentazione o sui concetti in esso rappresentati. Alcuni esempi:

DIRECTNESS: MANIPOLAZIONE DI OGGETTI E DI CONCETTI

- Gli strumenti e le funzioni previste dai software della LIM permettono di realizzare lezioni o materiali didattici su vari

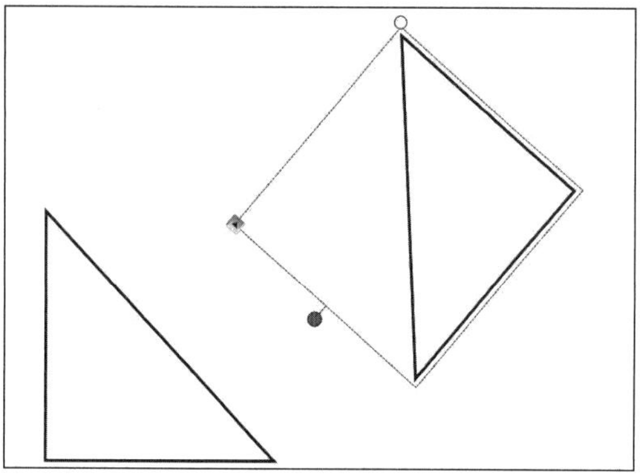

FIGURA 3 – *Manipolazione di oggetti; rotazione di un triangolo.*

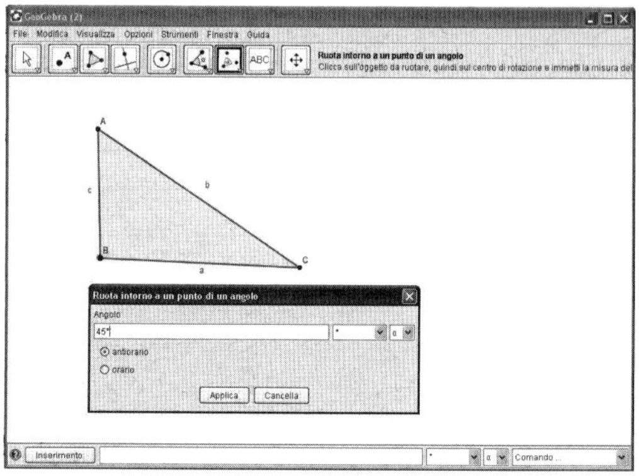

FIGURA 4 – *Manipolazione di concetti; rotazione di un triangolo realizzata con il software* Geogebra.

insegnamenti. La FIGURA 3 visualizza l'interazione effettuata sull'oggetto triangolo: è sufficiente selezionarlo e poi agire sulla maniglia per ruotarlo in una direzione o nell'altra.

- Per eseguire lo stesso compito con il software di geometria dinamica *Geogebra* è necessario introdurre i concetti di rotazione, centro e angolo di rotazione. Per portare a termine il compito lo studente dovrà compiere una serie di operazioni (FIG. 4): costruire il triangolo, selezionare il centro di rotazione, impostarne l'angolo e selezionare la direzione. L'interazione dello studente non è più sull'oggetto quanto sui concetti che agiscono sull'oggetto.

È evidente che la manipolazione di oggetti risulta di più facile comprensione per lo studente ed è compito dell'insegnante verificare come e quando sia opportuno utilizzare la manipolazione, ben più complessa, dei "concetti" che sottendono all'azione.

2.6 Una lavagna con la memoria: registrare la lezione

Chiara Giunti

La "memoria" della LIM

Nelle precedenti pagine abbiamo visto che la lavagna interattiva multimediale è una "lavagna con la memoria", ovvero uno strumento che ci consente, a differenza della lavagna di ardesia, di salvare in formato digitale ciò che scriviamo sulla superficie interattiva, le immagini che mostriamo, le nostre annotazioni ecc.
La memoria della lavagna, in realtà, è la memoria del computer. Per conservare ciò che facciamo in classe, infatti, è sufficiente salvare il documento sul quale stiamo lavorando con la funzione "salva" del programma in uso (il software in dotazione con la lavagna, ma anche un word processor o un foglio di calcolo). Il documento è archiviato nel disco fisso del computer che è collegato alla lavagna e può essere trasferito dal computer in una memoria portatile, come ad esempio una chiavetta USB, oppure stampato su carta.

Registrazione della lezione

L'intera lezione, inoltre, può essere "registrata" con un software di cattura schermo (*screencasting*). Generalmente questi strumenti sono compresi nella dotazione software della LIM, ma in alternativa si possono scaricare da Internet anche con licenza *freeware*, ossia gratuita. I programmi di *screencasting* registrano le operazioni che l'insegnante o gli alunni eseguono sulla lavagna, ad esempio, i passaggi della dimostrazione di un teorema o la narrazione di una storia, e realizzano un video. Se si dispone di un microfono, è possibile ottenere anche la registrazione dell'audio.
Abbiamo già visto che una lavagna con la memoria può essere molto utile alla didattica. Proviamo, nelle pagine che seguono, a vedere in che modo.

Figura 1 – *Lo svolgimento di una lezione con la LIM.*

PER GLI STUDENTI ASSENTI

In primo luogo, disporre di una registrazione della lezione può facilitare le attività di recupero da parte degli studenti assenti. I documenti, i file della lezione registrata possono essere conservati, ad esempio, sul computer di classe ed essere acquisiti dagli alunni al loro rientro a scuola, oppure possono essere pubblicati sul sito della scuola e scaricati da casa (se gli studenti dispongono di una connessione a Internet).

PER LO STUDIO INDIVIDUALE

La possibilità di fruire, anche a casa, del file salvato (con i contenuti, i passaggi svolti in classe, le sottolineature, la voce dell'insegnante) è anche un utile sussidio allo studio individuale e al consolidamento degli apprendimenti per lo studente che è stato presente alla lezione. Secondo studi condotti in Gran Bretagna, dove la LIM è già di uso comune in molte scuole, alcuni insegnanti ritengono che la condivisione dei materiali prodotti in classe riduca la necessità di prendere appunti e aiuti gli studenti a mantenere l'attenzione sull'attività svolta a lezione (Becta, 2003). Altri studi sperimentali (Elvers, 2000), tuttavia, confermano una ricaduta migliore sugli apprendimenti quando la LIM non si sostituisce ma affianca le "abitudini" degli studenti: prendere appunti è un'attività che svolge un ruolo importante nel processo di apprendimento e la "memoria della LIM" dovrebbe essere considerata, in alcuni casi, un supporto e una integrazione a questo processo, più che un'alternativa.

Naturalmente, quanto viene salvato può anche essere stampato. L'insegnante può quindi stampare, per ogni alunno, una copia di quanto presente nella schermata della LIM e l'alunno può inserirla in un proprio quaderno di esperienze didattiche, da utilizzare in affiancamento al libro di testo.

FIGURA 2 – *L'alunno rivede sul proprio PC la lezione svolta in classe con la LIM.*

UN TESTO DI LAVORO

Nelle mani dello studente questo vero e proprio "testo" multimediale può dunque diventare un'integrazione al libro in adozione. Non dimentichiamoci che il formato digitale permette di manipolare facilmente il testo: studiando, l'alunno può sovrascrivere ulteriori annotazioni o cambiare l'ordine delle schermate per riorganizzare i contenuti, producendo così rielaborazioni personali. Potremmo dire, con un gioco di parole, che la lezione "memorizzata" non è necessariamente una lezione da imparare a memoria: è piuttosto un nuovo testo di lavoro.

LA LEZIONE REGISTRATA COME NUOVO MATERIALE DI LAVORO

LE CARATTERISTICHE DEI CONTENUTI PER LA LIM

Le tre caratteristiche fondamentali dei contenuti per la LIM sono sinteticamente definite in uno studio condotto dall'agenzia governativa inglese Becta (Stein G., *Designing content for electronic whiteboards: Using Picture Frame, Report made to Becta*, 2006, pp. 1-5) che si occupa della diffusione delle ICT nella didattica. Esse sono:

- la flessibilità, intesa come possibilità dei contenuti di essere modificati;
- la ricchezza di significati, intesa come compatibilità dei contenuti con altri facenti parte di percorsi di apprendimento diversi;
- l'estendibilità, intesa come possibilità per i contenuti di essere non solo modificati ma anche arricchiti.

I contenuti per la LIM risultano più efficaci se non sono pensati come "testi chiusi" destinati solo alla fruizione o alla lettura. Di seguito alcune linee guida per la loro progettazione e realizzazione[1]:

- creare materiali che prevedano "spazi bianchi", da riempire in classe con il coinvolgimento degli studenti (ad esempio esercizi e mappe concettuali da completare ecc.);
- utilizzare le risorse a fini esplicativi, ma anche per stimolare la discussione in classe, la risoluzione di problemi, la formazione di ipotesi;
- evitare contenuti che "fanno tutto da soli", ad esempio giochi e interazioni che forniscono troppi feedback allo studente. Sono pensati per l'auto-apprendimento, ma occorre ricordare che in classe è presente l'insegnante che può offrire allo studente feedback ben più ricchi di significati;
- progettare non solo successioni e progressioni di argomenti, ma anche percorsi reticolari che lascino spazio a logiche associative;
- utilizzare immagini e animazioni per catturare l'attenzione e favorire l'apprendimento;
- prevedere stimoli cinestetici, interazioni e manipolazioni per favorire differenti strategie di apprendimento;
- nella progettazione di video e animazioni, prevedere pause per porre domande che stimolino la riflessione degli studenti.

[1] WARREN C., INTERACTIVE WHITEBOARD. AN APPROACH TO AN EFFECTIVE METHODOLOGY, ACTIS LT, HTTP://WWW.VIRTUALLEARNING.ORG.UK/WHITEBOARDS/AN_APPROACH_TO_AN_EFFECTIVE_METHODOLOGY.PDF (CONSULTATO IL 19/09/2008).

Nelle mani dell'insegnante il materiale didattico può diventare uno strumento al servizio di una strategia comunicativa ed essere utilizzato per richiamare, all'interno di un percorso didattico, concetti illustrati nelle lezioni precedenti.
L'impiego dei materiali prodotti a lezione può essere anche un mezzo attraverso cui gli alunni sviluppano capacità metacognitive, ossia intraprendono un'attività autoriflessiva sul proprio processo di apprendimento. Ma anche l'insegnante può utilizzare questi "testi", questi contenuti, per ripensare le proprie strategie didattiche.

La condivisione e la riusabilità di risorse e contenuti

L'adattamento dei contenuti a differenti contesti

Lavorare con i contenuti digitali in classe richiede un'accurata pianificazione e implica un lavoro di preparazione e ricerca che, soprattutto nella fase iniziale di adozione della lavagna, è percepito dagli insegnanti come un carico di lavoro aggiuntivo. Questo sforzo iniziale, tuttavia, si può rivelare nel corso del tempo un buon "ritorno di investimento". La "memoria" della lavagna digitale consente di recuperare le lezioni archiviate, sia per un loro riutilizzo nel corso degli anni che per l'impiego in classi diverse. Come abbiamo già detto, i contenuti memorizzati sono testi *in fieri*, che possono essere ulteriormente rielaborati. Ciò rende possibile un loro adattamento a contesti diversi da quello per cui sono stati originariamente progettati, aggiungendo elementi di "personalizzazione" legati ai bisogni degli studenti o al percorso didattico intrapreso. La lezione, quindi, non deve essere tutte le volte inventata e ricostruita da zero: lavorare con strumenti e risorse digitali significa disporre di un "materiale duttile" che si presta a generare molte ricombinazioni.

La condivisione dei contenuti tra insegnanti

Anche la condivisione dei materiali tra insegnanti può costituire una strategia efficace per "tesaurizzare" il proprio lavoro di costruzione della lezione con la LIM. La ricerca dei testi, delle immagini, delle animazioni, dei *Learning Object* e dei software didattici è infatti una delle attività più dispendiose in termini di tempo. Tale lavoro di ricerca può però essere condiviso semplicemente scambiando la chiavetta USB oppure creando cartelle condivise nel server della scuola.
Ognuno di questi contenuti è un "canovaccio" per l'attività che si svolge in classe che può dar vita anche a esperienze molto diverse e lontane tra loro.

2.7 ARCHIVI E RISORSE DIDATTICHE IN RETE

Raffaella Carro, Valentina Toci

TROVARE RISORSE E IMPARARE A CONDIVIDERLE

La diffusione della LIM nelle scuole sta stimolando la comparsa in Rete di archivi digitali, nei quali è possibile trovare contenuti didattici di ogni tipo, spesso progettati appositamente per essere fruiti con la LIM: una vera miniera di materiali da scaricare, modificare, personalizzare e sperimentare nella didattica in classe.

La prassi di condividere le proprie esperienze didattiche, pubblicandole in Rete, non nasce con la LIM. Internet è ricco di siti da cui scaricare *Learning Object*, immagini, video, audio e vere e proprie lezioni. Tuttavia, questa nuova tecnologia interattiva favorisce e stimola ulteriormente la condivisione e lo scambio di risorse, grazie alla possibilità di registrare in modo agevole le lezioni e costruire oggetti didattici personalizzati.

Archivi di questo tipo (*repository*) sono stati creati dalle aziende produttrici di lavagne interattive, allo scopo di fornire esempi di contenuti didattici da fruire con i loro prodotti. È sempre più frequente trovare, nei siti dedicati ai docenti, sezioni riservate ai contenuti per la LIM, e paesi come l'Inghilterra, il Canada e gli Stati Uniti, dove la sperimentazione di questa tecnologia è iniziata già da qualche anno, sono anche promotori di *repository* e *network* dedicati alla LIM. Si tratta di strumenti per la condivisione, comunità virtuali nate da e per gli insegnanti dove, oltre agli oggetti didattici, è possibile trovare esempi di sperimentazioni, utili suggerimenti e occasioni di confronto e scambio nell'ottica della comunità di pratica.

In Italia non esistono ancora archivi e comunità di questo tipo e i docenti italiani sono al momento costretti ad orientarsi in *repository* in lingua inglese e con risorse progettate per curricoli di altri paesi. Per facilitare la navigazione in questi cataloghi, riportiamo una tabella di conversione (TAB. 1) delle fasce di età scolastica in Italia con i corrispondenti livelli in USA e Inghilterra.

Per aiutare gli insegnanti italiani che utilizzano la LIM, viene poi fornita una mappa dei principali siti web dove poter reperire materiale utile.

PAESE	FASCIA DI ETÀ		
ITALIA	6-10	11-13	14-18
INGHILTERRA	KEY STAGE 1-2	KEY STAGE 2-3	KEY STAGE 3-4
USA	K 1-4	K 5-8	K 9-11

TABELLA 1 – *Tabella di conversione delle fasce di età scolastica.*

I REPOSITORY E GLI ARCHIVI DIGITALI

Iniziamo questa panoramica partendo dagli archivi di alcuni produttori quali *Smart Technologies*, *Promethean*, *Hitachi*, *Interwrite Learning*, che mettono a disposizione, per lo più a titolo gratuito, oggetti didattici realizzati dai docenti. Sono siti ricchi di informazioni nei quali non è facile orientarsi. Ecco qualche suggerimento per raggiungere i contenuti didattici:

- il *repository Smart Technologies* si trova nella sezione *Education*. Una volta entrati è possibile vedere le "lesson activities" entrando nella voce di menù *Educator Resources*;
- gli archivi di *Interwrite Learning* e di *Promethean* si trovano entrambi alla voce *Resources*;
- i contenuti didattici digitali di *Hitachi* sono nella sezione *Customer service* alla voce *Teaching Resources*.

In TABELLA 2 sono riportati gli indirizzi Internet relativi agli archivi digitali dei produttori di LIM presi in considerazione.
Gli archivi di *Smart Technologies*, *Interwrite Learning* e *Hitachi* sono consultabili liberamente. *Promethean*, invece, consente il salvataggio dell'oggetto didattico sul PC solo dopo aver effettuato la registrazione alla community.

TABELLA 2 – *Indirizzi Internet relativi agli archivi digitali dei produttori di LIM.*

REPOSITORY ON LINE	INDIRIZZI INTERNET
SMART TECHNOLOGIES	HTTP://EDUCATION.SMARTTECH.COM/STE/EN-US/ED+RESOURCE/LESSON+ACTIVITIES/DEFAULT.HTM
PROMETHEAN	HTTP://WWW.PROMETHEANPLANET.COM/US/SERVER/SHOW/NAV.802
INTERWRITE LEARNING	HTTP://WWW.INTERWRITELEARNING.COM/RESOURCES/LESSONS.PHP
HITACHI	HTTP://UK.HITACHISOFT-INTERACTIVE.COM/TEMPLATES/TYPE1_ENGLISH_HOMEPAGE.ASP?MODEID=CONTENT&UID=70&DOLOGIN

APRIRE E MODIFICARE LE RISORSE SCARICATE DAI *REPOSITORY*

Gli oggetti contenuti negli archivi appena elencati sono realizzati con i software autore che le aziende produttrici di lavagne forniscono al momento dell'acquisto della LIM.
Questi programmi sono creati per:

- produrre contenuti in modo semplice grazie a una serie di facilitazioni: pagine grafiche pre-impostate (*templates*), gallerie di immagini e di video, funzionalità per realizzare interazioni in modo intuitivo e senza necessità di avere competenze di programmazione;
- modificare i contenuti.

Riportiamo di seguito alcune tipologie di interazione che sono utilizzate frequentemente in questi materiali:

- *Esercizi di associazione* per trascinamento di oggetti (immagini, testi) sulla superficie interattiva.
  Esempio:
  http://education.smarttech.com/ste/enUS/Ed+Resource/Lesson+activities/International+Lesson+Activities/Aus_NZ-+Notebook+Activities/Primary/R-3/English/Alphabetical+Flowers.htm
- Esercitazioni con *multiple choices*.
  Esempio: *The Layers of the Hearth* (*Promethean*). Una volta collegati al sito cercare in *resources* ed inserire in *keyword* il titolo della risorsa.
- Esercizi con completamento di una frase o riempimento di spazi.
  Esempio: *The sun* (*Interwrite Learning*),
  http://www.interwritelearning.com/resources/lessons.php?id=342

Altre modalità di interazione possono richiedere allo studente l'utilizzo delle funzionalità offerte dal software della LIM, come l'uso dello strumento "penna" per scrivere direttamente sulla lavagna e della "lente di ingrandimento" per rivelare la parola nascosta.
Esempio:
Effects of Smoking (*Promethean*), http://www.prometheanplanet.com/ (una volta collegati al sito cercare in *resources* ed inserire in *keyword* il titolo della risorsa).
Anche sprovvisti di questi programmi, i contenuti didattici possono essere visualizzati installando sul proprio PC un'applicazione chiamata *Viewer*, cioè un programma di visualizzazione. Ogni produttore ha un proprio *Viewer* e lo fornisce gratuitamente, consentendone il download direttamente dalla rete.
Riportiamo di seguito nel box dove trovare i *Viewer*.

VIEWER

- *SMART TECHNOLOGIES – NOTEBOOK E SMART IDEAS*,
  http://www2.smarttech.com/st/en-US/Support/Downloads/
- *INTERWRITE LEARNING – INTERWRITE READER*,
  http://www.interwritelearning.com/support/software.php
- *PROMETHEAN – FLIPCHART VIEWER*,
  http://www.prometheanworld.com/uk/server/show/nav.3321
- *HITACHI – STARBOARD*,
  http://uk.hitachisoft-interactive.com/Templates/Type2_English.aspmodelD=Content&uID=41&DoLogin

OGGETTI DIDATTICI DEI REPOSITORY

Gli oggetti didattici contenuti nei *repository* sono strutturati sul modello della presentazione (*Microsoft Power Point*, *Open Office Impress* ecc.), cioè sono costituiti da una serie di pagine da visualizzarsi in sequenza. Le pagine contengono testi, immagini, video ed elementi interattivi.
Si tratta per lo più di contenuti "aperti". Con questo termine si identificano gli oggetti didattici che possono essere personalizzati a piacimento utilizzando il software con cui sono stati realizzati. Al riguardo il docente può:

- sostituire o aggiungere testo;
- aggiungere pagine;
- inserire immagini, forme e video;
- creare interazioni usando le funzionalità del software;
- aggiungere link ipertestuali a file digitali o a siti Internet.

Le potenzialità tecnologiche e didattiche della LIM non si sfruttano solo utilizzando risorse didattiche realizzate con i software proprietari. Sulla lavagna digitale possono essere fruiti contenuti digitali di ogni tipo.
Col termine "risorse/contenuto didattico digitale" si intende qualunque oggetto da usare a scopo didattico su PC o su lavagna interattiva: immagini, video, foto, testi scritti ecc. Gli oggetti elencati possono essere prodotti con qualunque tecnologia adatta a produrre e organizzare contenuti multimediali (*Microsoft PowerPoint*, *Open Office Impress*, *Macromedia Flash* ecc.) e utilizzati singolarmente o assemblati in unità didattiche articolate.
La tipologia del contenuto si può riconoscere dalla sua estensione, cioè dalla breve sequenza di caratteri aggiunti dopo il nome di un file e separati da quest'ultimo da un punto. L'estensione permette all'utente di capire con quale software è stato prodotto il file.
Riportiamo in TABELLA 3 alcune estensioni.

TABELLA 3 – *Principali estensioni.*

ESTENSIONE	SOFTWARE NECESSARIO PER LA VISUALIZZAZIONE
NBK	SMARTBOARD INTERACTIVE WHITEBOARD
YAR	HITACHI INTERACTIVE WHITEBOARD SOFTWARE
ET	EASITECH INTERACTIVE WHITEBOARD SOFTWARE
FLP	PROMETHEAN ACTIVE BOARD INTERACTIVE WHITEBOARD SOFTWARE

Una tabella delle estensioni dei file è reperibile al seguente indirizzo: http://www.standards.dfes.gov.uk/primaryframework/help/usingresources/.

I REPOSITORY DI ENTI E PROGETTI NAZIONALI

È principalmente nei siti e nelle community nate da e per gli insegnanti che si possono trovare le risorse realizzate con i software più diversi. Questi ambienti promuovono l'utilizzo e la diffusione di risorse sviluppate per la LIM grazie ad archivi di oggetti, aree di comunicazione e scambio, approfondimenti tematici, report di ricerca, guide tecniche e tutto ciò di cui un insegnante può aver bisogno per affrontare, capire e appropriasi di questo nuovo strumento.
In tal senso molto interessante è il *Primary Framework*, (http://www.standards.dfes.gov.uk/primaryframework/library), nel quale sono confluiti tutti i contenuti didattici del celebre *National Whiteboard Network*, primo sito nazionale inglese, ormai chiuso, nato per promuovere l'utilizzo della LIM.
Nella sezione *Mathematics*, sotto la voce *interactive whiteboard files* sono disponibili attività, in varie estensioni, appositamente sviluppate per la LIM. Risorse simili si trovano anche nella sezione *Literacy* sotto la voce *ICT Resources*.
Un altro interessante archivio specifico per la lavagna interattiva è l'*Interactive Whiteboard Resources* (http://www.iwb.org.uk) una comunità che raccoglie esperienze e risorse per tutti i livelli scolastici interamente implementato dai docenti.
Non specifico per la LIM, ma con una sezione dedicata, è l'archivio *eRiding* (http://www.eriding.net/ict/iwb_resources_sites.shtml) contenente più di 17.000 risorse gratuite. Promosso dall'autorità educativa locale, è totalmente realizzato dagli insegnanti e da educatori professionisti dello *East Riding of Yorkshire LEA* o di enti nazionali come il *Department for Education Standards*. Nella sezione ICT si può trovare una specifica area per le risorse per LIM con una sitografia ragionata che aiuta nella ricerca di lezioni, risorse e *tool* gratuiti. La ricerca può essere fatta per soggetto e conduce a homepage dedicate allo specifico argomento o alla disciplina selezionata.
Caso analogo è *Teacher Resource Exchange* (TRE) (http://tre.ngfl.gov.uk/) dove si condividono e si scaricano liberamente contenuti didattici digitali selezionabili per discipline. Le risorse specificatamente prodotte per la LIM sono circa 1200. Si tratta soprattutto di schede con ipotesi di lavoro in classe corredate da risorse e link.

Riportiamo di seguito un elenco di siti simili in cui si condividono liberamente i contenuti:

- *Proyecto "Pizarra Digital"*:
  http://www.educarioja.org/educarioja/pizarradigital/repositorio.htm

- *Interactivewhiteboard.net.au*: http://www.interactivewhiteboard.net.au/Resources.asp
- *Topmark*: http://www.topmarks.co.uk/Interactive.aspx?s=maths&a=ks1
- *Teachersfirst.com*: http://www.teachersfirst.com/whiteboard.cfm
- *Think-bank*: http://www.think-bank.com/
- *Kent National Grid for Learning (NGfL)*: http://www.kented.org.uk/ngfl/ict/IWB/index.htm
- *Birmingham Grid for Leaning*: http://www.bgfl.org/bgfl/15.cfm
- *Oxfordshire Local Educational Authority*: http://www.ict.oxon-lea.gov.uk/whiteboards.html
- *Herefordshire Council*: http://www.cs.herefordshire.gov.uk/page.asp?PG_ID=64&GRP_ID=13

RETI DI SCUOLE

Sempre più frequenti sono anche gli archivi realizzati da reti di scuole che, sebbene non siano così ricchi di oggetti come quelli "ufficiali", sono una interessante testimonianza dell'esigenza degli insegnanti di confrontarsi, tenere memoria dei processi innescati sul territorio e dei prodotti realizzati.
Tra i vari esempi che possiamo citare troviamo anche un archivio italiano: "Scuola Digitale-Lombardia" (http://scuoladigitale.cefriel.it/) pubblicato il 1 ottobre 2007.
Tra gli esempi esteri citiamo:

- *Cardiffschools*: http://cardiffschools.net/~roelmann/whiteboard/newsite/index.html
- *Middlesbrough grid for learning*: http://www.mgrid.org.uk/mg/custom/resources_ftp/client_ftp/iwb/index.html
- *Wichita Public Schools*: http://technology.usd259.org/resources/whiteboards/smartlessons.htm

DALLA CLASSE AL REPOSITORY ON LINE

Le modalità per inviare e partecipare con il proprio contributo sono abbastanza simili per tutte le tipologie *repository* prese in esame. Generalmente all'autore si chiede di inviare una mail contenente: autore e breve descrizione dell'oggetto elaborato. Il contributo deve essere allegato direttamente al messaggio di posta elettronica.
Alcune volte le operazioni si svolgono tramite una scheda catalogo on line, in qual caso bisogna riempire direttamente i campi con le informazioni richieste.

2.8 I contenuti per la lavagna digitale: il ruolo dell'editoria scolastica

Alessandro Campi, Giuseppe Dino Baldi

È del tutto evidente che la "scuola digitale" richiede nuovi strumenti e supporti didattici, basti solo pensare alle trasformazioni dei libri di testo che saranno progressivamente indotte dall'utilizzo della LIM nelle attività didattiche. In tal senso, la LIM costituirà un elemento di forte accelerazione verso una nuova generazione di libri, più "leggeri" e strutturalmente integrati con unità didattiche digitali multimediali e interattive (*Learning Object* per la LIM). Tali *Learning Object* avranno alcune o tutte delle seguenti caratteristiche:

- saranno residenti sul Web;
- saranno espressamenti progettati per l'utilizzo sulla lavagna digitale;
- potranno essere manipolati da insegnanti e studenti;
- potranno essere parzialmente costruibili dagli stessi insegnanti;
- saranno aperti a processi di collaborazione in Rete, tra classi e tra scuole.

Learning Object per la LIM

Uno sguardo alle funzioni svolte da queste specifiche unità didattiche digitali ci aiuterà a chiarire meglio quanto sopra delineato. I *Learning Object* per la LIM supportano e complementano l'azione formativa del docente, svolgendo un'azione di:

- *rinforzo*, rispetto al testo scritto, sulle aree tematiche a maggior interdisciplinarità e attinenti al fare (analisi, esplorazione, sperimentazione ecc.);
- *ampliamento* del testo adozionale per arricchire e differenziare le risorse didattiche a disposizione dell'insegnante;
- *facilitazione,* nell'ambito del processo di costruzione di nuova conoscenza da parte dell'insegnante, nei confronti degli studenti e della classe nel suo complesso.

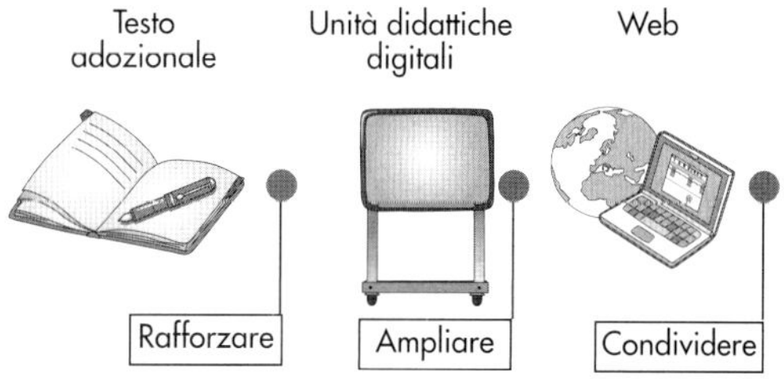

FIGURA 1 – *Le azioni svolte dalle unità didattiche digitali per la LIM.*

La FIGURA 1 evidenzia le funzioni svolte dai *Learning Object* per la LIM.
I *Learning Object* per la LIM hanno le seguenti caratteristiche:

- sono realizzati da editori scolastici specializzati, sulla base di qualificati patrimoni di risorse didattiche e consolidati processi di produzione di contenuti multimediali e di *e-learning*;

- fanno riferimento a una metodologia didattica di matrice costruttivista, in linea con le funzionalità offerte dalla LIM, vista come un "tavolo di montaggio e smontaggio della conoscenza". Ciò consente a insegnanti e studenti di arricchire e integrare i contenuti originari, singolarmente o attraverso lavori di gruppo svolti in classe.

La FIGURA 2 evidenzia gli attori che intervengono nel processo di creazione, fruizione e integrazione di tali unità didattiche digitali: editori, insegnanti, studenti e la classe nel suo complesso.

FIGURA 2 – *I soggetti coinvolti nella creazione, fruizione e integrazione dei* Learning Object *per la LIM.*

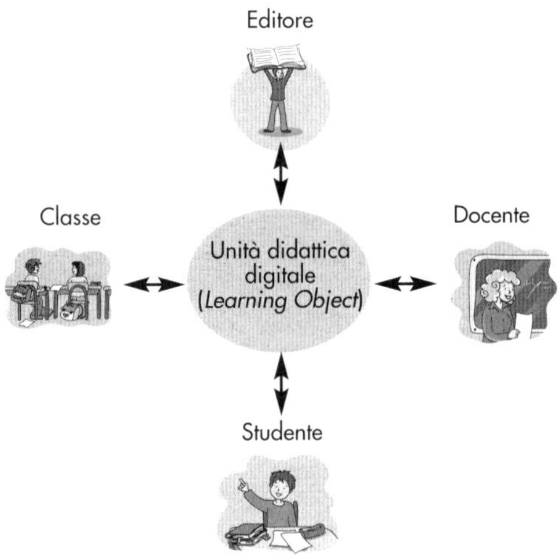

LA PRODUZIONE DI CONTENUTI "APERTI"

Le caratteristiche dei *Learning Object* per la LIM mettono in risalto il primo elemento di cambiamento per il mondo editoriale scolastico, cioè la necessità di offrire anche contenuti parzialmente "aperti", in grado di essere non solo erogati, ma anche manipolabili e arricchibili dagli stessi fruitori, in una logica di co-costruzione della conoscenza.

FIGURA 3 – *La condivisione dei* Learning Object *sul Web.*

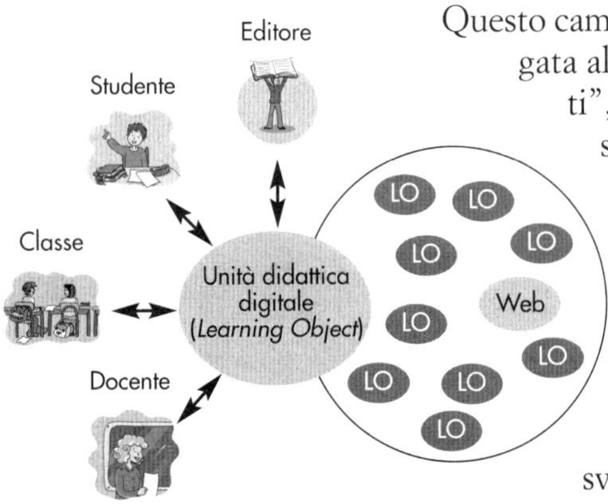

Questo cambiamento pone agli editori una nuova sfida, legata alla capacità di offrire non solo contenuti "finiti", nell'accezione sopra descritta, ma anche "risorse e strumenti" per la personalizzazione dei contenuti da parte degli insegnanti, in modo che sia possibile andare incontro alle specificità del percorso formativo e alle caratteristiche socio-cognitive della propria classe.

Ragionando in termini di costruzione congiunta di contenuti (editori-insegnanti-classe), possiamo evidenziare le possibili funzioni svolte dagli editori e dagli insegnanti.

Gli editori scolastici possono mettere a disposizione degli insegnanti "risorse didattiche di qualità", fornire un sistema di produzione dei contenuti basato su *template standard* e offrire le condizioni affinché i contenuti possano essere condivisi (come vedremo in seguito) all'interno di un network di insegnanti, classi e scuole. Gli insegnanti, a loro volta, possono utilizzare i *template standard* e, sulla base delle risorse didattiche fornite dagli editori, produrre dei contenuti didattici personalizzati per il proprio gruppo-classe.

LA CONDIVISIONE IN RETE DEI CONTENUTI

Oltre al concetto di contenuto "aperto" al contributo di insegnanti e studenti, l'altra linea di evoluzione è rappresentata dalla condivisione dei contenuti sul Web, con l'obiettivo di attivare un circolo virtuoso tra scuole, classi e insegnanti, come rappresentato alla pagina precedente nella FIGURA 3.
Se prendiamo in considerazione anche l'aspetto della condivisione in Rete, possiamo dire che attorno al tema della creazione, fruizione e valorizzazione dei *Learning Object* il "cerchio si chiude", nel senso che editori, docenti, studenti, classi e mondo Web rappresentano, a vario titolo, le componenti del sistema di produzione, fruizione e scambio delle unità didattiche digitali per la LIM (FIG. 4).
La condivisione e lo scambio in Rete delle unità didattiche digitali per la LIM aprono la strada allo sviluppo di un *Digital Educational Content Marketplace*, un "mercato" di contenuti educativi digitali per

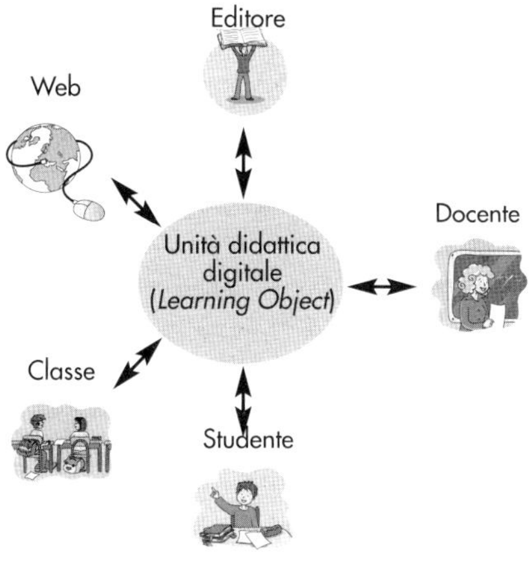

FIGURA 4 – *Quadro generale degli attori reali e virtuali che sono coinvolti sui* Learning Object.

la scuola, rivolto a insegnanti e studenti e popolato di contenuti espressamente progettati per i nuovi media. Uno spazio virtuale fondamentale per i nuovi processi di insegnamento e apprendimento, realizzabile a due livelli:

- a *livello nazionale*, sulla base di precisi piani di sviluppo istituzionali;
- a *livello locale*, come aggregazione di network di scuole e classi.

In questo secondo caso, possiamo immaginare la creazione di "portali della didattica interattiva", punto di riferimento per la condivisione e lo scambio di risorse e buone pratiche per le scuole e le classi aderenti al network (FIG. 5).

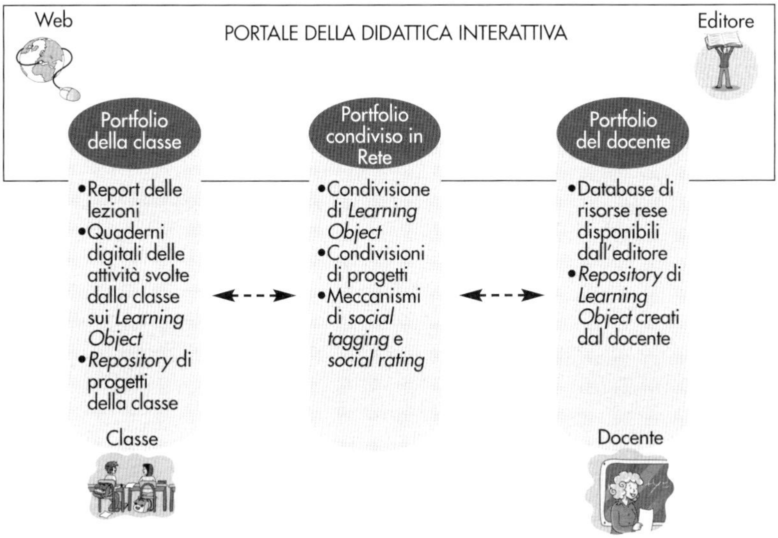

FIGURA 5 – *Un esempio di portale della didattica interattiva.*

All'interno del portale, il docente potrà catalogare le risorse (testi, immagini ecc.) utili alla creazione di nuovi *Learning Object* (portfolio del docente) e la singola classe potrà archiviare i materiali elaborati sulla LIM e gli oggetti creati ex novo (portfolio della classe). Le classi e gli insegnanti potranno, inoltre, definire le risorse da mettere in condivisione all'interno del proprio network sociale di appartenenza (portfolio condiviso), creando i presupposti per una didattica aperta e collaborativa.

EDITORIA SCOLASTICA TRA PRESENTE E FUTURO

In questo scenario alcuni strumenti abituali, il libro di testo *in primis*, andranno rapidamente ad assumere una nuova veste, più funzionale a un apprendimento plurimediale.
Attorno al nuovo libro vi saranno contenuti digitali e servizi Web non più complementari e integrativi, ma strettamente sinergici e interdipendenti con le risorse didattiche cartacee. Nella "scuola digitale" l'uno non potrà fare a meno dell'altro e ogni medium sarà utilizzato per il valore aggiunto che è in grado di apportare.

Anichini A., *Testo scrittura editoria multimediale*, Apogeo, Milano, 2003.
Anichini A., *Dal libro al multimedia*, in F. Cambi e L. Toschi (a cura di), *La comunicazione formativa*, Apogeo, Milano, 2006.
Antinucci, F., *La scuola si è rotta*, Laterza, Roma, 2001.
Bandura A., *Autoefficacia, Teoria e Applicazioni*, Erickson, Trento, 2000.
Biondi G., *La scuola dopo le nuove tecnologie*, Apogeo, Milano, 2007.
Biondi G., *Dall'ardesia alla lavagna digitale*, in «IR: Innovazione e Ricerca», nov. 2006 e dic. 2006, http://www.indire.it/content/index.php?action=read&id=1433.
Bolter J. D., *Lo spazio dello scrivere*, Vita e Pensiero, Milano, 1993.
Dede C., *Planning for Neomillennial Learning Styles*, in «Educause Quartely», *28, 1*, 2005, http://www.educause.edu/pub/eq/eqm05/eqm0511.asp (consultato il 20 settembre 2008).
Dewey J., *Experience and education*, Collier-Macmillan, London, 1938.
Dewey J., *Scuola e Società*, La Nuova Italia, Firenze, 1949.
Elvers G. C., *The Digital Whiteboard As a Notes-Taking Aid*, University of Dayton, 2000, http://smarterkids.org/research/paper1.asp (consultato il 7 giugno 2007).
Gardner H., *Cinque chiavi per il futuro*, Feltrinelli, Milano, 2007.
Norman D. A., *Le cose che ci fanno intelligenti*, Feltrinelli, Milano, 1995.
Norman D. A., *La caffettiera del masochista*, Giunti, Firenze, 2005.
Pontecorvo C., Ajello A. M., Zucchermaglio C., *I contesti sociali dell'apprendimento*, LED, Milano, 1995.
Postman N., *The end of education: Redefining the value of school*, Alfred A. Knopf, New York, 1995.
Raskin J., *Interfacce a misura d'uomo*, Apogeo, Milano, 2003.
Smith H., Higgins S., Wall K., Miller J., *Interactive whiteboards: boon or bandwagon*, in «Journal of Computer Assisted Learning», *21*, 2005, Blackwell Publishing, pp. 91-101.
Talamo A., *Apprendere con le nuove tecnologie*, La Nuova Italia, Milano, 2000.
Warren C., *Interactive whiteboard. An approach to an effective methodology*, Actis Ltd., http://www.virtuallearning.org.uk/whiteboards/An_approach_to_an_effective_methodology.pdf (consultato il 19 settembre 2008).

Capitolo 3

Esperienze dalle scuole italiane

«Ho passato cinque ore a lavorare sulla mia relazione! Un'ora per andare al centro commerciale a comprare una cartuccia d'inchiostro, due ore in attesa di un supporto tecnico, 45 minuti per cercare un foglio di carta bianca, 30 minuti per trovare il carattere perfetto…»

Introduzione

Nel panorama italiano vi sono interessanti esperienze di utilizzo della LIM, in varie regioni italiane e in scuole di ogni ordine e grado. In questo capitolo ne descriviamo alcune, scelte sulla base della loro *rappresentatività* e *significatività*.

Sono esperienze rappresentative perché interessano l'intero universo della scuola (scuole dell'infanzia, scuole primarie, scuole secondarie di primo e secondo grado). Sono significative perché offrono uno spettro ampio di applicazione della LIM nei processi di insegnamento e apprendimento, con particolare riferimento:

- al fare didattica a distanza;
- allo sviluppo della didattica laboratoriale;
- ai processi di inclusione scolastica;
- all'acquisizione di abilità utili alla crescita scolastica e personale;
- all'insegnamento di specifiche discipline.

Sono casi che testimoniano come la lavagna digitale possa diffondersi nelle scuole non solo in base ai piani istituzionali di livello nazionale, ma anche seguendo sperimentazioni territoriali e processi imitativi.
Naturalmente, essendo ancora molto limitato il numero delle LIM presenti nelle scuole italiane, soprattutto se confrontato con quello di altri paesi europei, le esperienze sono ancora poche e circoscritte.
Il capitolo si conclude con alcune indicazioni su come descrivere e diffondere le buone pratiche.

3.1 La LIM per fare scuola a distanza: il progetto MAR.IN.A.ND.O

Linda Guarino,
Giuseppe Moscato,
Giovanni Nulli

Il progetto MAR.IN.A.ND.O (acronimo di **Mar**ettimo **In** **A**mbiente di appre**ND**imento **O**nline) rappresenta una significativa esperienza di didattica a distanza tra scuole secondarie di primo grado geograficamente distanti tra loro, resa possibile attraverso la condivisione in Rete di più lavagne digitali e l'utilizzo di un sistema dedicato di videocomunicazione a banda larga. In questo modo, si vengono a formare classi virtuali nelle quali gli insegnanti svolgono attività didattiche sincrone sia con studenti fisicamente presenti che con alunni e docenti geograficamente distanti.

MODIFICARE I CONFINI DELLA CLASSE

La situazione di isolamento in cui versa per gran parte dell'anno la piccola isola di Marettimo (Isole Egadi) ha spinto l'Istituto Comprensivo dell'arcipelago a individuare nell'uso delle nuove tecnologie lo strumento per superare le difficoltà legate ai difficili collegamenti con l'esterno. Come numerose altre realtà italiane, nell'isola si assiste negli ultimi tempi a un rapido spopolamento, alla nascita di pluriclassi nei primi ordini di scuola e a uno spostamento dei nuclei familiari verso realtà scolastiche più stabili.
In questo contesto nasce il progetto MAR.IN.A.ND.O, finanziato con i fondi strutturali europei e supportato dall'ANSAS (Agenzia Nazionale per lo Sviluppo dell'Autonomia Scolastica), che si prefigge, attraverso l'uso della LIM e di avanzate tecnologie di comunicazione audio-video, di migliorare l'offerta formativa e la qualità dell'istruzione in quei territori dove, a causa di particolari condizioni geografiche, si incontrano delle difficoltà nel fare scuola con cadenza regolare.
Gli studenti di Marettimo sono troppo pochi perché possano costituire una classe tradizionale; ciò significa che i docenti loro assegnati (italiano, matematica e inglese) devono comunque occuparsi di tutte le altre discipline ed è per questo che il progetto prevede che siano affiancati a distanza da insegnanti di un'altra scuola della Toscana. Per 10 ore alla settimana, la classe di Marettimo si collega con la propria classe di riferimento in Toscana. Attraverso il sistema di videocomunicazione, gli alunni e i docenti di Marettimo svolgono lezioni di musica, arte e immagine, tecnologia, vedendo e parlando in tempo reale con l'insegnante e gli alunni dell'altra classe lontana. Si viene così a formare una "classe virtuale" tra alunni e insegnanti di scuole diverse, le quali, grazie alla condivisione in Rete delle rispettive LIM e alla videocomunica-

zione, svolgono attività didattiche collaborative, scritte e commentate in diretta (FIG. 1).

FIGURA 1 – *"Classe virtuale" tra alunni e insegnanti di scuole diverse.*

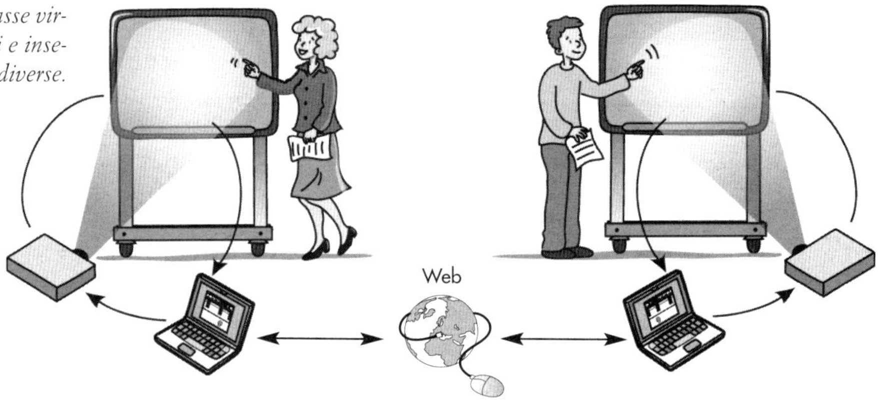

LA CONFIGURAZIONE TECNOLOGICA

L'impianto tecnologico che consente il collegamento a distanza tra le scuole coinvolte nel progetto (Marettimo, Capaci e Firenze) è stato appositamente studiato per assicurare un efficace svolgimento di "lezioni sincrone", facendo in modo cioè che il docente si preoccupi solo in minima parte della gestione del sistema tecnologico, restando focalizzato sul processo di insegnamento e apprendimento. Iniziamo quindi con il descrivere la mappa delle tecnologie utilizzate in ogni classe per poter fare scuola a distanza. Le tecnologie installate sono:

- una lavagna digitale collegata a un PC, a sua volta connesso alla rete Internet;
- un sistema di videocomunicazione composto da una o più videocamere con telecomando (per comandare lo zoom e la direzione di ripresa), uno o più microfoni ambientali (a loro volta controllati da un mixer), un microfono da giacca senza fili, un paio di casse acustiche, un monitor al plasma sul quale vedere le immagini che provengono dalla classe collegata.

Sul PC, oltre ai software normalmente in dotazione e al software della lavagna, è stato installato il software che consente la condivisione con le lavagne presenti nelle altre classi.
In sintesi si è trattato di gestire tre aspetti:

- la scrittura su lavagne condivise (ciò che si scrive in una lavagna viene visualizzato nella lavagna presente nella classe collegata a distanza);
- il segnale audio emesso e ricevuto;
- il segnale video trasmesso da entrambe le classi.

L'allestimento tecnologico ha richiesto la cura di alcuni aspetti, primo tra i quali il posizionamento della strumentazione di videocomunicazione all'interno dell'aula. È un aspetto rilevante ai fini didattici per creare un contesto che permettesse di fare lezione nel modo più normale possibile: studenti e docenti devono poter vedere chiaramente senza doversi spostare, né devono girare la testa per guardare il monitor, la lavagna di ardesia e la lavagna interattiva. Inoltre, la luce del sole che proviene dalle finestre non deve colpire le superfici luminose della lavagna e del monitor al plasma (FIG. 2).

FIGURA 2 – *Le superfici luminose della lavagna e del monitor al plasma non devono essere colpite dalla luce del sole.*

È importante sistemare correttamente la videocamera fissa: se è vero che questa deve inquadrare l'insegnante e ciò che fa sulla lavagna, è altrettanto vero che quando l'insegnante, interagendo con la sua classe, chiama un ragazzo dal posto, questo potrebbe restare fuori dall'inquadratura e quindi fuori dalla visuale dell'altra classe collegata in videocomunicazione.
Se si ha a disposizione una sola videocamera fissa (e non orientabile), questo problema non è facilmente risolvibile. Se invece la videocamera fissa è dinamicamente orientabile, allora il docente dovrà avere cura di cambiare l'inquadratura (attraverso l'uso del telecomando), adattandola alle varie situazioni. Se si hanno a disposizione due videocamere (una che riprende la cattedra e l'altra che riprende i ragazzi) è possibile, alternandole, visualizzare sia le situazioni di lezione frontale sia quelle in cui i ragazzi hanno una partecipazione più attiva (pensiamo ad esempio ai lavori di gruppo). Anche in questo caso è necessario l'intervento "tecnico" del docente che dovrà fare in modo di essere ripreso dall'una e dall'altra videocamera, attraverso un semplice switch (un dispositivo dotato di un

interruttore per decidere quale delle due videocamere attivare) oppure un mixer video (un dispositivo più complesso di uno switch che può gestire e miscelare i due segnali video).
Sia con una sola videocamera orientabile che con due videocamere da alternare dinamicamente, si richiede comunque al docente un minimo sforzo per la gestione di questi aspetti tecnologici, oltre alla normale lezione e alla condivisione dei contenuti tra le lavagne.
Il docente dovrà essere consapevole che gli insegnanti e gli studenti che si trovano nell'aula a distanza, pur vedendo e sentendo ciò che accade, non sono fisicamente presenti e l'attività didattica è sempre e comunque mediata dal monitor televisivo.
Per quanto riguarda l'aspetto audio, ascoltare ciò che avviene nelle aule collegate in videocomunicazione è molto più importante che vedere in video che cosa succede: ci siamo infatti resi conto che, mentre è stato possibile condurre una lezione con il video disturbato, non è stato possibile svolgerla con il segnale audio compromesso. Inoltre, è più facile incontrare docenti che sappiano gestire, almeno a livello amatoriale, le tecnologie video piuttosto che districarsi con i microfoni e risolvere i problemi relativi alla sonorizzazione di un'aula.
La qualità dell'audio dipende molto dalla configurazione fisica dell'aula (ad esempio, le aule degli edifici storici con alti soffitti hanno una qualità audio molto diversa dalle piccole classi di edifici prefabbricati) e risulta quindi assolutamente necessaria, per la cura di questo aspetto, una consulenza da parte di tecnici del suono.

L'ASPETTO PEDAGOGICO

La creazione di uno spazio sociale ed educativo per classi poco numerose e lo sviluppo di una comunità di docenti e studenti che fanno didattica e stanno assieme per alcune ore alla settimana, attraverso Internet, la LIM e gli strumenti di videocomunicazione, si prestano a numerosi spunti di riflessione.
Per prima cosa, gestire una classe in cui sono contemporaneamente presenti i propri studenti (in presenza) e altri studenti e docenti (on line) di una classe lontana non è affatto semplice. Le interazioni on line hanno dinamiche diverse da quelle dei gruppi in presenza, si possono avere contiguità e assonanze, ma anche specificità da gestire ad hoc. La compresenza di questi due gruppi richiede, quindi, un "uso pedagogico consapevole delle tecnologie".
Inoltre, quando si parla di scuola a distanza pensiamo quasi sempre a una piattaforma di *e-learning* dove poter interagire per lo più in maniera asincrona, dove le attività di studio avvengono in momenti che possono essere scelti autonomamente dallo studente e dal docente salvo quelli in cui si richiede (come nelle chat) una co-

municazione in contemporanea. Con la chat si resta comunque nell'ambito di una comunicazione testuale, visto che il ricorso al canale audio-video non è usuale, e comunque manca la fisicità della cattedra, delle sedie, della lavagna e delle persone.

Il progetto MAR.IN.A.ND.O introduce elementi di forte innovazione: due classi collegate tra loro in modo sincrono, un contatto diretto e visivo tra insegnanti e studenti, la lavagna interattiva come strumento di scrittura collaborativa e di condivisione delle risorse didattiche, la videocomunicazione come elemento per "avvicinare" le classi.

Sia docenti sia studenti hanno sperimentato una situazione completamente nuova, ma non hanno incontrato grandi difficoltà: per i due docenti era come lavorare insieme in una sola classe, mentre gli studenti erano animati da una grande curiosità, se non altro per trovarsi insieme tra "cittadini" e "isolani". Oltre alle lezioni disciplinari i ragazzi potevano comunicare anche durante l'ora di ricreazione o in orario extrascolastico attraverso la posta elettronica oppure il blog. Tuttavia la necessità di incontrarsi fisicamente è stata forte, nonostante le tecnologie avessero reso possibile la costruzione di una buona relazione sociale ed educativa. L'incontro è avvenuto e questo ha permesso la realizzazione di quel legame emotivo che ha reso più naturale anche gli scambi a distanza.

LE ATTIVITÀ DIDATTICHE

Per capire meglio e più concretamente qual è l'utilità della LIM per le attività didattiche collaborative, vediamo alcune esperienze di lavoro del progetto.

Il primo obiettivo è stato quello di migliorare l'efficacia comunicativa. Spesso i testi prodotti dai ragazzi sono caratterizzati da un linguaggio scarno e poco coinvolgente, quindi il lavoro collaborativo a distanza si è focalizzato sulla costruzione di "prodotti sociali" come il blog, ad esempio, o su attività di scrittura collaborativa.

Attraverso la LIM abbiamo cercato di mettere a frutto il rapporto tra sviluppo cognitivo, sollecitazioni sensoriali e cooperazione educativa, principio che sta alla base del gioco.

Partendo da alcune difficoltà di linguaggio, la LIM ha consentito di creare uno spazio per il potenziamento dell'espressione verbale. In piccoli gruppi, settimanalmente, si sono utilizzate diverse tipologie testuali e anche giochi linguistici, con l'obiettivo di sostenere i ragazzi nel parlare dei propri vissuti. Gli elementi essenziali di un testo, sia descrittivi sia narrativi, sono stati analizzati all'interno della classe virtuale sfruttando le possibilità di manipolazione della LIM. Ovviamente questo lavoro ha creato lo spunto per la discussione, l'analisi e il commento delle operazioni effettuate e delle eventuali incongruenze riscontrate.

Il *webquest* e la costruzione di una guida ipertestuale "a più mani"

Poiché due gruppi classe desideravano incontrarsi e trascorrere un paio di giorni nelle rispettive città, abbiamo pensato che l'organizzazione di alcuni percorsi turistico-culturali all'interno dei rispettivi luoghi di appartenenza fosse un'occasione da non perdere per coinvolgere i ragazzi in un lavoro di analisi e confronto. Il *webquest* (attività di ricerca guidata e svolta in gruppo con logica indiziaria) è stato scelto come attività per facilitare la collaborazione e il potenziamento della metacognizione all'interno dei due gruppi. Per fare ciò, bisognava reperire in Rete materiale utile su ciascun luogo, riorganizzare le informazioni e presentarle al resto della classe virtuale in modo attraente. Ai ragazzi è stato fornito un elenco di siti di interesse, preparato insieme dai docenti delle due scuole. Nel programma sono stati inclusi:

- un aspetto culturale;
- un'attività di svago come una gita nei dintorni;
- un piatto tradizionale della gastronomia locale.

L'attività è iniziata con un *brainstorming* in Rete per decidere l'itinerario da sviluppare. Era importante coinvolgere tutti in questa fase, cercando di fare emergere le aspettative e le conoscenze pregresse sui luoghi da visitare. I docenti hanno fatto in modo che anche i più timidi potessero esprimersi. Per realizzare una mappa mentale attraverso la LIM è stato utilizzato il software free *Mindmeister*, che consente di condividere la creazione della mappa direttamente in Rete.
L'intera classe virtuale, poi, è stata divisa in piccoli gruppi per lo sviluppo di singoli aspetti. I ragazzi hanno navigato in Internet, visitando i siti proposti e raccogliendo le informazioni utili al proprio scopo. Per una più efficace visualizzazione dei luoghi oggetto di ricerca, i vari gruppi hanno utilizzato l'applicativo *Google Earth*, con cui sono state scattate delle immagini impiegate poi nell'assemblaggio finale del lavoro. Dopo aver preso nota di ciò che si riteneva rilevante, si sono costruiti testi collaborativi. Per la creazione di documenti è stato impiegato uno strumento di editing in Rete con funzioni di scrittura condivisa come *Google Docs* (FIG. 3).

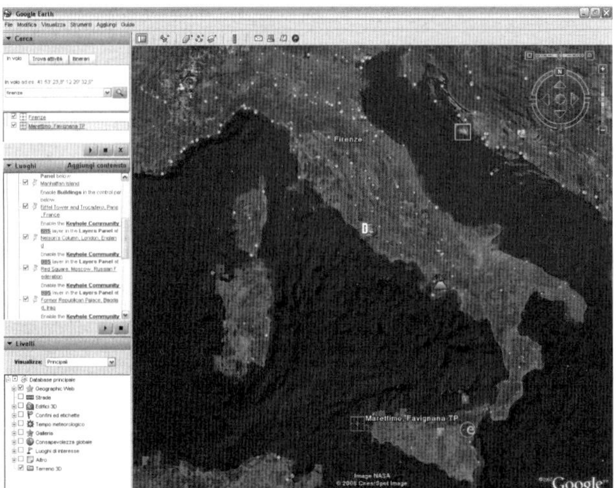

FIGURA 3 – *Esempio di scrittura condivisa con* Google Docs.

La LIM è stata lo strumento mediante il quale lavorare con i compagni a distanza. I ragazzi hanno presentato il percorso in modalità ipertestuale, illustrandolo agli altri gruppi.
Dal punto di vista delle risorse, si è avuto bisogno, oltre alle attrezzature già presenti nelle aule, di utilizzare i due seguenti software in Rete: *Google Earth* e *Mindmeister*.
Dal punto di vista dei tempi, si è lavorato per due mesi ogni mercoledì pomeriggio. L'attività di ricerca vera e propria e la stesura dei testi è stata svolta dai ragazzi in altro orario, mentre si è utilizzata l'ora di collegamento per le attività di confronto, la discussione sull'impianto del lavoro, la condivisione e la rielaborazione della parte testuale che ciascun gruppo ha presentato.

LABORATORIO DI MANIPOLAZIONE LUDICA E CREATIVA DELLE PAROLE

Altri obiettivi del progetto sono stati il miglioramento delle capacità linguistiche e l'ampliamento del patrimonio lessicale. Data l'età dei ragazzi, si è pensato di affrontare questi aspetti con un approccio ludico e a questo scopo si sono utilizzati alcuni giochi didattici presenti in Rete, sapendo che la sfida d'abilità è un elemento di forte motivazione.
Una volta a settimana, dopo aver messo in condivisione le LIM delle rispettive classi, si sono utilizzate alcune risorse didattiche facilmente reperibili su Internet, quali *Hangman* (il tradizionale gioco dell'impiccato) che consiste nell'indovinare le parole a partire da alcuni indizi come argomenti, categorie e numero delle lettere che compongono la parola, oppure *Verbaland*, uno spazio dedicato al gioco e alla rielaborazione creativa delle parole.
Altrettanto coinvolgenti sono stati gli enigmi al cellulare, giochi linguistici fatti sullo stile degli SMS e un altro software molto utile si è rivelato *Crucimaster*, che permette di creare dei cruciverba tematici per consolidare o verificare le conoscenze degli alunni su un particolare argomento.
Seguendo le istruzioni presenti sui siti indicati dai docenti, gli studenti sono passati alla risoluzione del compito direttamente sulla lavagna, la quale ha reso intuitiva e semplice l'intera procedura; la facilità di manipolazione dei vari oggetti ha incoraggiato i vari gruppi a collaborare alla ricerca della soluzione, affinando capacità di riflessione e coesione.
La LIM si è dimostrata utile sia nella fase organizzativa che in quella della costruzione dei giochi linguistici e questo percorso è risultato molto coinvolgente e particolarmente significativo per lo sviluppo di dinamiche relazionali positive e abilità di *problem solving*.
Ciò che viene scritto a Marettimo compare a Firenze e viceversa, pronto a essere integrato, modificato e discusso dagli altri compa-

gni. L'errore non è più una colpa, ma uno stadio nel divenire del testo, un momento non definitivo della produzione testuale. Secondo questa modalità di lavoro, basata sulla revisione, "il processo acquista maggiore importanza rispetto al prodotto finale", in quanto è proprio durante il processo che si crea apprendimento significativo. Così facendo, la LIM valorizza un approccio didattico secondo cui la scrittura è un lavoro ricorsivo di continua revisione e sgrossatura e il procedere per bozze diventa un'attività dialettica portata avanti tra più soggetti. Le LIM, collegate in Rete tra loro, diventano lo spazio sociale in cui costruire insieme conoscenza attraverso la scrittura.
È chiaro che da soli gli strumenti tecnologici non sono sufficienti a produrre apprendimento significativo. Al fine di produrre un reale valore aggiunto contano moltissimo le modalità con cui le tecnologie educative sono usate e al riguardo è centrale il ruolo dell'insegnante. Nel progetto MAR.IN.A.ND.O gli insegnanti non hanno fornito solo sostegno cognitivo, ma anche e soprattutto emotivo. Infatti, per facilitare la formazione del gruppo classe "allargato", è stato necessario sostenere il lavoro relazionale, favorendo la crescita di una storia affettiva del gruppo. Si è cercato, cioè, di creare nella classe virtuale un sentimento di identità e una rete di relazioni, per cui la socializzazione e la motivazione allo studio sono state ottenute proprio cercando di rendere il gruppo una risorsa.

Conclusioni

A conclusione dei primi due anni di questa esperienza (umana, prima ancora che scolastica e tecnologica), possiamo dire di aver superato i confini della classe. Siamo convinti che la lavagna digitale abbia giocato un ruolo chiave, perché la condivisione di un supporto di scrittura, dove ragazzi e docenti in luoghi fisicamente lontani interagiscono contemporaneamente tra loro, è stato un elemento didatticamente molto significativo.
Questa esperienza apre la porta a nuovi sviluppi, in cui scuole e classi geograficamente distanti possono condividere metodologie didattiche ed esperienze culturali, nell'ottica delle "reti di scuole" e non solo delle "scuole in Rete". Classi dello stesso istituto scolastico, classi di scuole appartenenti allo stesso circolo didattico o a circoli didattici differenti, possono diventare componenti di una rete che interagisce non solo con gli strumenti della didattica a distanza "tradizionale", ma anche tramite l'immediatezza e la spontaneità derivanti dal coinvolgimento diretto.
Secondo il filosofo Pierre Lévy, i sistemi di comunicazione modificano il nostro ambiente di prossimità: le cose che prima apparivano lontane si avvicinano e rientrano all'interno del nostro spazio

dell'esperienza. Ciò vale anche per i contesti didattici e gli ambienti di apprendimento, dove grazie alle tecnologie si riescono a superare i confini dell'aula e a mettere le nostre conoscenze in condivisione con persone fisicamente lontane ma emotivamente vicine.
Nei primi anni del Novecento, quando l'obiettivo prioritario era raggiungere la licenza elementare, i libri erano pochi, le biblioteche pubbliche erano spoglie o quasi inesistenti e la lavagna era l'unica opportunità per leggere e studiare. Oggi i libri non mancano e per almeno la metà sono composti da immagini e disegni, perché in molte discipline il linguaggio visivo favorisce l'apprendimento. Ma l'insegnante si trova spesso a esporre la lezione orale mentre gli studenti sono seduti al banco con il libro già aperto sull'argomento che si sta trattando e la lavagna viene usata di meno, tranne che per la matematica e la geometria. Adesso possiamo farla tornare al centro dello spazio educativo, anche per attività collaborative a distanza, come il progetto ha ampiamente testimoniato.

Patrizia Lotti

3.2 La LIM per il sostegno e l'inclusione scolastica

La Lombardia è stata tra le prime regioni italiane a diffondere l'uso della LIM nelle scuole: alla fine del 2006, l'82% delle scuole secondarie di primo grado utilizzava questa tecnologia. In Emilia-Romagna la diffusione è iniziata nel 2006, a partire soprattutto dalla provincia di Bologna. Le due esperienze che vengono presentate documentano le potenzialità della LIM come strumento per il sostegno e l'inclusione scolastica nello specifico caso di disabilità nella sfera cognitiva. La lavagna digitale è impiegata, quindi, come ausilio per bisogni educativi speciali.

Un unico progetto per due scuole

Il progetto che presentiamo (*Due scuole diverse... una stessa scelta*), realizzato da Vania Zadro dell'Istituto Comprensivo "Bruno Munari" di Milano e da Laura Pomoni dell'Istituto Comprensivo Como-Borghi di Como, vede l'utilizzo della LIM come ausilio per l'integrazione scolastica degli alunni disabili. La lavagna digitale è, infatti, uno strumento particolarmente flessibile e coerente con i bisogni educativi speciali, in quanto facilita l'autonomia dei singoli in un'ottica sociale, inclusiva e relazionale.
In entrambe le scuole la LIM non è stata inserita nella singola classe, ma in altri luoghi condivisi e dedicati alla didattica. In un caso è stata posizionata in un atrio attrezzato, nell'altro in un'aula esterna, alternativa all'aula di informatica, dedicata alle attività di gruppo a classi aperte. Il motivo di questa scelta risiede nell'esigenza di permettere l'utilizzo della LIM a più classi contemporaneamente e di diffonderne l'uso all'interno della scuola.

Normativa di riferimento per il diritto allo studio dei diversamente abili

- *Assistenza scolastica*: D.P.R. 24 luglio 1977, n. 616 – art. 42
- *Integrazione scolastica*: Legge 5 febbraio 1992, n. 104 – art. 13
- *Progetti individuali per persone disabili*: Legge 8 novembre 2000, n. 328 – art. 14
- *Competenze dello Stato*: D.Lgs. 31 marzo 1998, n. 112 – art. 137
- *Protocollo d'intesa MPI - ANCI - OS*: Nota Ministeriale 30 novembre 2001, prot. 3390
- *Criteri di individuazione situazione H*: D.P.C.M. 23 febbraio 2006, n. 185

Il progetto è nato con l'obiettivo di verificare in che misura le tecnologie didattiche possano incidere nelle tre aree di intervento relative alla "disabilità a scuola": organizzativa, didattica e gestionale.
In particolare, per l'area organizzativa, il progetto ha richiesto a tutti i docenti, curricolari e di sostegno, un uso ancor più razionale delle risorse software e hardware, comprensivo della pratica dei prestiti nella rete territoriale, nella convinzione che, nel processo di integrazione scolastica, le ICT "accorcino le distanze".
Per l'area didattica, ha previsto un uso sociale, in piccolo gruppo, del computer e una visione della LIM come strumento per l'apprendimento collaborativo. La LIM è vista sia come un ambiente di lavoro per tutto il gruppo, capace di favorire il *peer tutoring* e l'inclusione, sia come uno strumento personalizzabile capace di rispettare i ritmi e le capacità di apprendimento di ognuno, in un'ottica di sostegno.
Infine, per l'area gestionale, il progetto ha individuato nelle ICT un aiuto alla circolazione delle informazioni e alla fluidità delle comunicazioni tra scuola, casa e territorio, facilitando quella continuità che contribuisce alla costruzione dell'identità personale dell'alunno, aspetto ancor più rilevante nel caso di bisogni educativi speciali.

LA FIABA: UN PROGETTO PER AUMENTARE LE RELAZIONI

La fiaba è il percorso didattico realizzato presso l'Istituto Comprensivo Como-Borghi. Tale percorso è stato progettato come nucleo fondante del processo di apertura e integrazione studiato per una bambina con problemi di autismo.
È stato scelto l'argomento della fiaba perché la bambina ascoltava molto volentieri fiabe e racconti sia narrati, sia letti dall'insegnante, sia riprodotti con un radioregistratore.
L'alunna, durante la prima classe della scuola primaria, socializzava tramite brevi contatti fisici con due bambine – con una delle quali aveva frequentato anche la scuola dell'infanzia – oltre che con la maestra e trascorreva molto tempo da sola, nell'atrio attrezzato e condiviso con la classe parallela. Durante la seconda classe, la bambina è riuscita ad aprirsi di più alle insegnanti, acquisendo maggiore fiducia in loro e manifestando interesse e voglia di partecipare alle attività del gruppo. Il percorso sulla fiaba è stato attuato durante la terza classe, per far lavorare l'alunna insieme ai compagni e far emergere le sue risorse cognitive, relazionali, affettive e sociali. L'obiettivo era lo sviluppo della sua autonomia personale e sociale, non sulla base della ripetizione e dell'addestramento, ma attraverso il contributo, in prima persona e assieme agli altri, alle attività collettive.
Dal punto di vista cognitivo, l'alunna non presentava ritardi e aveva il medesimo livello di scrittura dei compagni, anche se per scri-

vere su carta necessitava del contatto fisico con l'insegnante, la quale appoggiava la sua mano sul braccio della bambina. Questo contatto, che non accompagnava o guidava i suoi movimenti, le dava però sicurezza e le facilitava l'interazione con gli elementi della scrittura[1].
Il percorso sulla fiaba è stato suddiviso in quattro fasi:

- giocare e stare insieme;
- ascoltare e comprendere;
- disegnare e illustrare;
- costruire e comunicare.

In ogni fase, l'utilizzo del computer e della LIM è stato previsto come facilitatore della comunicazione e come supporto all'apprendimento. Sono stati predisposti momenti di attività di classe e di sottogruppi; la composizione dei gruppi era cambiata dalle insegnanti ad ogni nuova fase dell'attività rispettando le indicazioni degli alunni. Anche l'alunna è stata fatta interagire di volta in volta con i nuovi compagni, pur lasciandola sempre vicina alla sua amica del cuore, quale riferimento costante.
Uno tra i motivi del posizionamento della LIM nell'atrio attrezzato e condiviso dalle due classi parallele è stato il riconoscere che questo spazio, fin dai primi anni, rappresentava la "via di fuga" della bambina, il luogo dove si rifugiava a svolgere delle attività tutte sue. In considerazione di ciò, si è pensato di lasciare, proprio in quello spazio, lo strumento sempre acceso e pronto all'uso, e non solo nei momenti prestabiliti dal progetto sulla fiaba. Per rendere la LIM ancora più intrigante è stato proposto di cambiarne continuamente lo sfondo: una volta a quadretti, una a righe, poi con un colore, poi con un altro, e così via.
Nelle primissime settimane la bambina, durante le attività di gruppo con la LIM, si limitava a osservare con attenzione le interazioni dei compagni con lo strumento, senza mai accettare di avvicinarsi e operare in prima persona. Improvvisamente, dopo avere osservato tante volte le azioni degli altri durante i lavori di gruppo, l'alunna si è avvicinata da sola alla LIM e ha iniziato a scriverci sopra, senza la necessità della mano dell'insegnante appoggiata sul suo braccio. Da quel giorno la LIM è diventata il suo ambiente di lavoro per la scrittura, il disegno e la composizione multimediale, sia da sola sia in gruppo e sempre in perfetta autonomia di interazione.

---

[1] L'appoggio della mano per incentivare la scrittura è una delle tecniche della Comunicazione Facilitata, che può spingersi ben oltre il semplice appoggio. In questo caso la mano dell'adulto costituisce esclusivamente un apporto di sicurezza che, come vedremo, la LIM ha contribuito a eliminare, favorendo l'autonomia di relazione.

Dopo avere familiarizzato con la LIM, la bambina ha iniziato anche a usare il computer e il software utilizzato per il percorso dedicato alla fiaba. Con quest'ultimo ha iniziato a fare i puzzle, su temi favolistici sempre diversi e, solo dopo avere familiarizzato con i puzzle sulla LIM, ha iniziato a farli anche sul computer passando, infine, a quelli classici di cartone.
La LIM ha quindi costituito l'elemento base per l'immedesimazione dell'alunna in una situazione cooperativa, superando così la tipica tendenza all'isolamento dell'autismo. Inoltre, la semplicità nel cambiamento della presentazione "dell'ambiente di lavoro" ha permesso di contrastare le stereotipie e quindi supportare il processo di autonomia consapevole verso la socializzazione.
Il buon esito dell'utilizzo della LIM per una didattica inclusiva ha incoraggiato la scuola primaria all'acquisto di una seconda lavagna, posizionata nel laboratorio didattico utilizzato da tutto il plesso.

SCRIVERE ALLA LAVAGNA

Condividendo gli stessi principi del progetto svolto dall'Istituto Como-Borghi, l'Istituto Comprensivo "Bruno Munari" ha progettato e realizzato l'esperienza didattica *Scrivere alla lavagna... interattiva multimediale tattile*. In questo caso si è trattato di un percorso per il controllo dell'errore nella scrittura di un bambino dislessico e l'esperienza si è svolta in una terza classe della scuola primaria. Il bambino, arrivato all'inizio della seconda classe, era molto vivace, sensibile e con difficoltà nella gestione della propria emotività, soprattutto nei momenti di difficoltà. La sua lettura era lenta e poco fluida, la scrittura compromessa nell'ortografia. Il bambino aveva difficoltà nelle procedure di calcolo scritto e nell'organizzazione degli eventi nel tempo.
Il ricorso alla LIM è stato suggerito dalle seguenti considerazioni:

- non richiede particolari competenze per l'utilizzo e ha molte similarità con l'uso del PC;
- non è un ausilio specifico ed esclusivo per la disabilità, ma uno strumento che favorisce intrinsecamente l'integrazione nel gruppo;
- il software può essere utilizzato a casa, in caso di assenze prolungate oppure per ripetere o terminare i lavori scolastici.

La LIM è stata collocata in un'aula (adiacente a quella in cui era inserito il bambino) dotata di collegamento Internet, stampante e scanner. Uno scaffale, con scatole etichettate con icone, conteneva software didattici utili per creare percorsi con attività individualizzate e già utilizzati, in precedenza, con il computer. Su un altro scaffale erano disposte le schede digitalizzate dei lavori della classe e,

come tali, visualizzabili sulla LIM. La versione cartacea delle stesse schede era comunque disponibile come materiale di lavoro autonomo e di rinforzo per il bambino.
Le attività con la LIM sono state sviluppate a partire dai materiali cartacei o dai file musicali in uso dalla classe. Questi materiali sono stati ampliati progressivamente attraverso attività di gruppo.
Con il tempo le insegnanti hanno verificato maggior entusiasmo e sicurezza nelle attività di cooperazione tra compagni. Si è progressivamente attenuata l'iniziale diffidenza. Durante le attività individuali con la LIM, l'alunno non ha quasi mai espresso il suo solito timore di non riuscire e spesso ha evidenziato da solo le strategie per superare gli errori; dopo di che, durante le attività nel gruppo classe, ha utilizzato le strategie sperimentate e ha diminuito la tipologia di errori, pur mantenendo tempi lunghi di esecuzione.
La LIM ha quindi facilitato il lavoro per il superamento degli errori di lettura-scrittura, facendo sì che il bambino vivesse il compito come un gioco.

UNA SCUOLA, TANTE STORIE

L'uso della LIM ha consentito di sviluppare varie riflessioni relativamente alle strategie di inclusione.
Una prima riflessione è stata fatta sulle potenzialità offerte da una grande superficie multimediale e multimodale, aperta a tutto il gruppo classe, che consente all'insegnante di rispondere a più esigenze contemporaneamente: a chi ha bisogno di sentire il suono, a chi necessita di vedere l'immagine accanto alla parola, a chi vuole appropriarsene tramite la manipolazione.
Gli alunni hanno quindi la possibilità di reintervenire continuativamente e in autonomia sul proprio lavoro. Rivedere le proprie immagini o il proprio testo scritto, anche in relazione agli interventi dei propri compagni e alle comunicazioni positive del docente, gratifica e rigenera continuamente l'elemento attrattivo della LIM. La consapevolezza che la lavagna è di tutta la classe e non un ausilio che serve solo per superare le proprie difficoltà va incontro all'esigenza dei bambini di non sentirsi diversi e di far parte del gruppo.
Inoltre, la possibilità di usare con facilità il software della LIM anche a casa permette la continuità nelle attività formative.
In particolare, nei casi di disturbi specifici dell'apprendimento, come nel caso appena descritto, la LIM risulta particolarmente attrattiva, tanto da superare la solita inerzia verso l'ambiente scolastico, considerato povero di stimoli, soprattutto se confrontato con le abitazioni dei bambini.

Conclusioni

Abbiamo visto come l'uso della LIM consenta di sviluppare esperienze didattiche capaci di favorire l'autonomia degli alunni disabili e come l'acquisizione di una maggiore autonomia diventi a sua volta il passaggio chiave per l'inclusione di questi alunni nel gruppo classe. I due casi presentati hanno dimostrato come sia possibile sfruttare le potenzialità e l'attrattiva della LIM per favorire il recupero delle disabilità, agendo su un inserimento più facile del bambino all'interno delle attività della classe.

3.3 Lavagne interattive e inclusione sociale: il progetto E.Co.Le.

Ivan Sciapeconi, Eva Pigliapoco, Enrico Sitta

Il progetto E.Co.Le. (**E**lectronic **Co**operative **Le**arning) nasce a Modena nel 2004 per studiare le potenzialità offerte dalla lavagna interattiva multimediale nella didattica di classe. Gli insegnanti promotori dell'iniziativa, svolta in una scuola primaria e in una secondaria di primo grado, avevano già maturato esperienze nell'ambito dell'apprendimento cooperativo e hanno sperimentato l'inserimento della LIM all'interno di questa metodologia al fine di favorire l'integrazione dei bambini in un contesto sociale problematico e contraddittorio.

Il contesto

Le scuole di riferimento sono la scuola primaria "Cittadella" e la scuola secondaria di primo grado "Ferraris" (ex "G. Marconi"), entrambe di Modena. Le classi interessate dal progetto (due di primaria e una di secondaria) possono essere definite ad "alta complessità". A una percentuale di alunni immigrati, superiore al 50%, si sommano situazioni di deficit sensoriale (una bambina sorda e un ipovedente), alunni dislessici e bambini con sindrome da deficit dell'attenzione. Da un punto di vista sociale, le due scuole accolgono condizioni molto diversificate: da gravi difficoltà socio-economiche a condizioni decisamente molto agiate. Esse sono quindi chiamate a svolgere una difficile funzione: costruire una sintesi tra realtà molto distanti. Nelle intenzioni dei docenti e del prof. Maurizio Gentile, che ha supervisionato il progetto, le molteplici istanze poste dalle diversità presenti nelle classi non potevano essere affrontate separatamente. Le problematiche presentate dagli alunni stranieri, ad esempio, non potevano essere gestite in modo separato dal resto del gruppo classe o dalle scelte effettuate per gli alunni con deficit sensoriale. La risposta complessiva andava ricercata all'interno dell'ambiente di apprendimento comune a tutti gli alunni.

Il progetto

Il campo di indagine del progetto E.Co.Le. ha riguardato proprio le potenzialità offerte dalla costruzione di un ambiente di apprendimento strutturato, in cui le lavagne interattive multimediali entrano come strumento di socializzazione delle competenze dei bambini e di ausilio al *problem solving*.
Più precisamente, il progetto E.Co.Le. si è occupato:

- della scrittura cooperativa;
- della possibilità di facilitare le abilità di studio;
- delle potenzialità degli ambienti di Web 2.0 in abbinamento alle lavagne digitali.

I primi interventi hanno riguardato l'organizzazione dello spazio fisico: i banchi singoli sono stati sostituiti da tavoloni comuni prelevati dalla mensa. Questa scelta, oltre a far guadagnare spazio in classi particolarmente numerose, ha consentito un avanzamento di qualità nelle relazioni tra alunni e una semplificazione delle attività di apprendimento cooperativo.
Le tre classi coinvolte sono quindi state attrezzate con una lavagna interattiva multimediale. La strumentazione tecnologica, da sola, non avrebbe però consentito di muovere alcun passo avanti nella direzione voluta dagli insegnanti. Così come era stato fatto con quello reale, anche l'ambiente virtuale andava costruito a partire da scelte culturalmente e metodologicamente ben ponderate. I docenti si sono ben presto resi conto che il mercato del software per la "didattica inclusiva" non offre grandi possibilità. La maggior parte dei titoli prodotti in Italia fa tutt'ora ricorso a un approccio di tipo contenutistico, se non addirittura di stampo prettamente comportamentista, del tipo "clicca sulla risposta giusta".
Eppure, la lavagna interattiva multimediale, una volta collocata nelle classi, può essere facilmente impiegata per socializzare competenze e metodologie di *problem solving*. Ridurla a semplice strumento di presentazione da parte dei docenti, o di esercizio per gli alunni, sembra del tutto riduttivo.
Per questo motivo, si è pensato di realizzare dei software "in proprio", a partire da alcune delle principali competenze dell'ambito linguistico: saper raccontare, scrivere, analizzare e studiare. Ciascuno di questi programmi non prevede alcun automatismo o esercizio, è "solo" il supporto attraverso il quale l'insegnante può sviluppare attività di classe, normalmente in apprendimento cooperativo.
Un esempio tipico è rappresentato dal software *Scrivere Cooperativamente*, la cui funzione è principalmente quella di aiutare a scrivere testi collettivi e a socializzare le competenze di scrittura.
Questo programma, in linea con tutti gli altri, ha una interfaccia volutamente semplice e nessuna concessione alla ridondanza multimediale; tutta l'attenzione degli alunni è riservata al compito da svolgere e alla socializzazione tra pari.
L'insegnante predispone piccoli gruppi in apprendimento cooperativo, identificati da un preciso colore, e chiede a ciascuno di essi di scrivere l'incipit di un testo. Il titolo è stabilito dall'insegnante e normalmente riguarda un tema comune a tutta la classe.
Attraverso la LIM, gli incipit elaborati vengono inseriti in campi di testo contraddistinti dal colore di ciascun gruppo. L'insegnante può decidere, a questo punto, di avviare una discussione sulle diverse

proposte, o far compiere una scelta casuale al programma, nel qual caso una semplice animazione, legata al meccanismo di scelta, attiva la curiosità degli alunni.
Qualsiasi sia la strada seguita, comunque, il risultato non cambia: uno degli incipit va a comporre il testo collettivo. L'idea della selezione casuale tra frasi spesso molto diverse tra loro è fondamentale nella gestione di questa specifica attività didattica. Eliminare il "merito" della frase come unica opzione di scelta costringe gli alunni a un'opera di revisione a tutto campo sul testo. La correzione degli aspetti formali e stilistici dell'incipit consente di socializzare le migliori strategie di soluzione dei problemi legati alla scrittura.
Le fasi successive ripeteranno l'identica procedura: per scrivere il seguito del brano collettivo, i gruppi lavoreranno in apprendimento cooperativo, inseriranno i propri elaborati nel rispettivo campo di testo attraverso la lavagna elettronica e la scelta casuale aggiungerà le nuove frasi a quelle già prodotte. Ovviamente, la complessità di revisione e discussione dell'elaborato aumenta con l'aumentare della lunghezza.
In una prima fase di applicazione, è fondamentale l'azione di *modeling* svolta da parte dell'insegnante. Le operazioni di rilettura del brano e di correzione, come la ricerca delle ripetizioni, o la concordanza tra verbi, non verranno semplicemente spiegate, ma mostrate operativamente. In un secondo momento si chiederà agli alunni di compiere le stesse riflessioni e di proporre delle soluzioni.
È evidente che la socializzazione delle migliori competenze dei bambini è una delle grandi opportunità offerte dalla LIM secondo il modello E.Co.Le. Il lavoro, comune a tutti gli insegnanti, di spiegazione individuale su ogni singolo quaderno, viene trasferito a livello di classe, con grande semplicità ed efficacia.
Il software *Scrivere Cooperativamente* è stato impiegato a partire dalla classe seconda di scuola primaria e nelle tre classi della secondaria di primo grado in un complesso lavoro di ricerca-azione. La diffusione in classi diverse da quelle della ricerca-azione ha consentito, negli ultimi anni, di monitorare significativi miglioramenti nella qualità della scrittura degli alunni.

Facilitare le abilità di studio

Il progetto E.Co.Le. si è anche occupato della possibilità di facilitare le abilità di studio attraverso le nuove tecnologie. In questo caso, dopo diversi tentativi, si è deciso di accantonare l'idea di ideare un software specifico, per adottarne uno distribuito gratuitamente con le lavagne. Gli insegnanti si sono limitati a costruire dei semplici bottoni animati e a sperimentare una precisa procedura didattica.

La pagina del sussidiario da studiare viene acquisita con lo scanner e mostrata sulla lavagna interattiva multimediale. La classe viene divisa a coppie in modo perfettamente casuale. A questo punto, si chiede ai bambini di ricercare le parole chiave sul proprio testo di studio. Anche in questo caso, le primissime volte sarà cura dell'insegnante effettuare una operazione di *modeling*, per mostrare come individuare gli aspetti centrali di ciascun periodo.
Quando tutte le coppie avranno effettuato il proprio compito, si apre la fase della discussione pubblica. Le singole scelte vengono riportate sulla pagina mostrata sulla lavagna interattiva multimediale e sottoposte al vaglio degli alunni.
Come già osservato per il programma *Scrivere Cooperativamente*, questa fase è fondamentale: essa consente di socializzare le migliori strategie di *problem solving* presenti in classe. Dopo aver osservato l'insegnante, in definitiva, il *modeling* continua nell'apprendimento tra pari.
Una volta conclusa la fase della sottolineatura del testo, è possibile passare alla difficile operazione della costruzione della mappa concettuale. I bottoni animati creati appositamente dagli insegnanti del progetto E.Co.Le. possono essere posti accanto alla pagina scannerizzata e possono accogliere le "parole calde" individuate nella fase precedente. Con una semplice interazione, le stesse parole possono poi essere collocate dai bambini nella posizione più significativa. Il collegamento tra i diversi bottoni risulterà, in questo modo, molto semplificato.
Tutti i software hanno uno stesso comun denominatore: la costruzione di un ambiente virtuale cooperativo da integrare nella normale attività didattica della classe. I programmi, in sostanza, assumono una funzione di *scaffolding*, cioè costituiscono una struttura che guida bambini e insegnanti nello sviluppo di attività didattiche. La LIM, utilizzata secondo questo modello, si è rivelata uno strumento assolutamente efficace.
Tutti i software prodotti all'interno del progetto E.Co.Le. e le relative indicazioni didattiche sono liberamente scaricabili attraverso il sito di *Cooperativamente* (http://www.cooperativamente.org). Attualmente sono allo studio altri programmi, relativi ad altre competenze di ambito linguistico.

Web 2.0 e lavagne digitali

L'ultimo campo di intervento degli insegnanti del progetto E.Co.Le. ha riguardato le potenzialità del Web 2.0 in combinazione con la lavagna digitale. È stato realizzato un sito, il cui accesso è limitato ad alunni e genitori, in cui i bambini possono esercitare una sorta di comunità di pratica. Il sito raccoglie fotografie delle attività didat-

tiche, presentazioni in *Power Point* realizzate dagli alunni, testi scritti e pubblicati direttamente dagli alunni, link di approfondimento, pagine personali, quiz sugli argomenti affrontati, messaggistica ecc. La lavagna interattiva multimediale risulta molto utile per socializzare attività che, diversamente, dovrebbero essere fruite individualmente o in coppia. Gli insegnanti usano il sito come deposito di materiali e link utili alle lezioni, i bambini per illustrare ai compagni i propri lavori.
Le attività svolte on line non sono oggetto di consegne specifiche degli insegnanti e ogni alunno decide autonomamente se e quanto partecipare. La produzione di elaborati, basata esclusivamente sulla motivazione personale, è stata, comunque, sempre molto alta. In sostanza, i contenuti e le competenze sviluppate nelle attività didattiche varcano i confini dell'edificio e dell'orario scolastico e diventano argomento da approfondire in prima persona.
In questo specifico aspetto del progetto, gli insegnanti avevano delle perplessità legate a quei bambini che non disponevano di computer o Internet a casa. Paradossalmente, questa difficoltà ha offerto l'occasione per aumentare il livello di socializzazione di alunni e famiglie: sono stati introdotti i "pomeriggi di navigazione", in cui i bambini si sono ritrovati a gruppi di due o tre a casa o in biblioteca, in modo da poter usare le connessioni alla Rete.

CONCLUSIONI

Il progetto ha mostrato come le nuove tecnologie possono favorire processi di lavoro e di apprendimento cooperativo in classe. In particolare, grazie all'utilizzo di software specificamente pensati per la scrittura a più mani, sono state verificate le potenzialità della LIM per il lavoro di gruppo. Le tecnologie hanno contribuito ad avvicinare i bambini alla scrittura, al lavoro di revisione condiviso e, in ultima analisi, anche alla scoperta del piacere della lettura.

3.4 Dal baco al filo di seta: un'esperienza nella scuola primaria

Maria Bettini, Concetta Russo

A partire dall'anno 2005-2006, la Provincia Autonoma di Trento (PAT) ha attivato il progetto SLIM4DIDA (**S**upporto all'introduzione di **L**avagne **I**nterattive **M**ultimediali per la **DIDA**ttica) finalizzato a sperimentare l'uso della LIM nella normale programmazione didattica. All'interno di questo progetto, la scuola primaria "Grazioli" di Lavis ha svolto una delle esperienze più significative, evidenziando il ruolo della LIM nella didattica laboratoriale: il tema su cui la classe ha lavorato è stato quello della ricostruzione del percorso che porta "dal baco al filo di seta".

Il progetto SLIM4DIDA

Nell'ambito del progetto SLIM4DIDA, finanziato dal Servizio Organizzazione Informatica, la Provincia di Trento ha distribuito, da febbraio a maggio 2007, circa duecentoventicinque lavagne interattive, a testimonianza delle numerose richieste pervenute da parte degli istituti scolastici di ogni ordine e grado. L'obiettivo della Provincia è ancora più ambizioso, volendo arrivare a distribuire una lavagna in ogni classe entro il 2012.
Gli attori coinvolti nel progetto sono stati: il Servizio per lo Sviluppo e l'Innovazione del Sistema Scolastico della PAT, la società Informatica Trentina, il Dipartimento di Informatica e Telecomunicazioni dell'Università di Trento, la Cooperativa Computer Learning (per le attività di addestramento all'uso della LIM) ed Edulife, società specializzata nello sviluppo di software gestionale e didattico per l'innovazione dei processi formativi.

Setting della classe

Nella prima fase del progetto è stato rilevato che le scuole, nella maggior parte dei casi, avevano collocato la LIM nei laboratori, rendendo difficoltoso l'utilizzo dello strumento nella didattica quotidiana. Pertanto la Provincia ha richiesto, come pre-requisito per le forniture successive, la garanzia che la LIM fosse inscrita all'interno delle classi. Il progetto ha previsto anche attività di formazione per i docenti, in modo che la diffusione della LIM nelle aule fosse accompagnata anche da un'azione sull'utilizzo delle nuove tecnologie a supporto della didattica. A tal fine, la società Edulife ha predisposto un ambiente on line (DIDAPAT) per i docenti coinvolti nel progetto, in modo da favorire la riflessione sulle opportunità di utilizzo della LIM.

La scuola primaria "Grazioli" di Lavis

Un caso rappresentativo di adozione della LIM, nell'ambito del progetto SLIM4DIDA, è quello della scuola primaria "Grazioli" di Lavis. Dall'aprile 2007, una delle due classi terze è stata dotata di una LIM all'interno dell'aula dove si svolge la normale attività didattica, così da poterla utilizzare frequentemente senza la perdita di tempo legata al trasferimento dei bambini in laboratorio. Per consentire l'utilizzo della lavagna anche all'altra classe terza, i due gruppi classe fanno a turno nell'aula dove questa è collocata, sulla base delle necessità della programmazione giornaliera.
La lavagna è stata collegata alla rete del laboratorio, che si trova vicino all'aula, per permettere il libero accesso a Internet e l'utilizzo della stampante. La LIM è fissa alla parete, ad altezza di bambino, e il videoproiettore è fissato al soffitto mediante una staffa. I banchi e le sedie sono disposti a "ferro di cavallo", la cattedra è confinata in un angolo. In ogni caso, il setting della classe si ridefinisce costantemente in base alle attività didattiche giornaliere, per avere il massimo di interattività. L'organizzazione degli spazi dell'aula è funzionale alla metodologia di tipo attivo-laboratoriale attuata dal maestro Mauro Albertini, che insegna matematica e scienze in entrambe le classi terze e che utilizza la LIM abitualmente. Con questa organizzazione degli spazi, egli si muove intorno ai bambini seduti, i quali orientano le loro sedie a seconda del supporto utilizzato durante la lezione.

FIGURA 1 – *Setting aula.*

Nell'ottica di creare un clima positivo e collaborativo all'interno della classe e stimolare il coinvolgimento, il maestro ha attribuito ai bambini un incarico che, a rotazione, li ha visti coinvolti in varie azioni, tra cui accendere il PC e la lavagna interattiva. Tutti hanno appreso, pertanto, la procedura di accensione della LIM, oltre a essere stati responsabilizzati nei confronti dello strumento messo a loro disposizione, diventando i "custodi" del complesso PC-lavagna-videoproiettore durante l'intervallo. L'utilizzo della LIM all'interno della normale attività didattica ha permesso al maestro Albertini di integrare le spiegazioni di scienze e matematica attraverso immagini video e testi multimediali; il flusso delle attività svolte sulla lavagna è stato inoltre registrato, in modo da poterlo riutilizzare in momenti diversi.
Inoltre, attraverso la connessione a Internet, sono state utilizzate altre risorse utili alla didattica e le principali attività svolte dal gruppo classe sono state documentate su SCARABOCCHIO (http://www.scarabocchio.blogspot.com), il blog predisposto per le classi terze. Il maestro, oltre a utilizzare il software in dotazione con la LIM, ha selezionato e utilizzato altri software liberamente scaricabili o acquistabili in rete, come quelli tratti dal sito di Ivana Sacchi e dal sito *vbscuola* (http://www.vbscuola.it), dove ha reperito esercitazioni e strumenti multimediali (come l'abaco, la linea dei numeri, i giochi di geometria) facilmente affiancabili alla tradizionale lezione frontale. Tali strumenti hanno reso più piacevole anche i momenti di verifica in classe, attraverso l'utilizzo di un timer che ha scandito i tempi di consegna degli elaborati e i momenti di esercitazione a casa.

Dal baco al filo di seta

Dal baco al filo di seta è una delle esperienze più significative che il maestro Albertini ha documentato come esempio di integrazione, in classe, tra didattica e nuove tecnologie. Il progetto è nato in collaborazione con l'amministrazione comunale di Lavis, in occasione del festeggiamento del bicentenario dalla nascita di Don Grazioli. Il sacerdote importò da Yokohama (Giappone) la nuova semente per il ricambio del baco da seta lavisano e riuscì a risanare la crisi legata alla produzione della seta. Alcune classi della scuola si sono impegnate nella ricerca di informazioni su Don Grazioli, e in particolare le classi terze hanno affrontato l'argomento dal punto di vista scientifico, studiando la trasformazione degli insetti fino alla produzione del filo di seta. Il maestro, attraverso l'utilizzo della LIM, ha costruito un percorso didattico da sperimentare con le classi, attuando una metodologia funzionale e coinvolgente. Agli inizi dell'anno scolastico è stata presentata ai bambini, con l'utilizzo della LIM, la storia dei bachi da seta, compreso il viaggio virtuale (con *Google Earth*) da Lavis al Giappone, immaginando cioè l'itinerario compiuto da Don Grazioli per portare in Trentino le uova sane di baco da seta.

UN COMPITO PRATICO

Successivamente, un'esperta del Museo delle Scienze Naturali di Trento ha consegnato alle classi le uova dei bachi da seta, dando consigli per l'allevamento. Il maestro, per far diventare i bambini dei bravi allevatori, ha mostrato loro con la LIM, come prima cosa, l'utilizzo di alcuni strumenti scientifici:

- *il termometro* e la sua scala di misura in gradi centigradi, avvalendosi di quello presente tra la raccolta di strumenti in dotazione con la LIM;
- *il righello* per misurare i bachi in millimetri, scannerizzato e ingrandito per facilitare il commento e la schematizzazione;
- *l'orologio* della lavagna, per ripassare la scansione del tempo e ricordarsi che i bachi mangiano ogni quattro ore.

Le classi sono state organizzate in piccoli gruppi, ognuno con un ruolo diverso. Ogni tre giorni i gruppi hanno osservato la crescita dei bachi e la loro trasformazione registrando su schede i cambiamenti più importanti. Le osservazioni sono state trascritte settimanalmente su un file (utilizzando i pennarelli speciali della LIM), in modo da poterle rileggere più volte, anche a casa, e realizzare dei disegni rappresentativi delle fasi di crescita. La memorizzazione dei dati ha inoltre permesso di completare, in itinere, la tabella relativa allo sviluppo dei bachi e il calendario dell'allevamento. Durante tutta l'esperienza, il maestro ha documentato con foto le varie fasi e le ha mostrate, attraverso la LIM, alle classi, le quali hanno selezionato le più rappresentative dell'allevamento da caricare successivamente sul blog SCARABOCCHIO.

IL LAVORO DI GRUPPO

I bambini, suddivisi in gruppi, hanno commentato le foto sul blog, come documentazione del percorso svolto. I piccoli allevatori hanno ricostruito, attraverso immagini del processo incollate in sequenza, il ciclo vitale della specie di bachi da seta *Bombyx mori*. Successivamente hanno predisposto con il maestro ventidue domande su tutto il lavoro svolto, scrivendole su un file mediante la LIM. Così facendo, i bambini si sono esercitati a casa a rispondere alle domande, preparandosi alla verifica in classe, la quale consisteva nel sorteggiare cinque quesiti tra quelli proposti.

Oltre alle schede sulla crescita dei bachi, i gruppi hanno approfondito lo studio della pianta del gelso, da cui i bachi traggono nutrimento, realizzando schede di osservazione composte da caselle di testo, *Word Art*, immagini della pianta (scaricate da Internet) e relative foto scattate nel cortile della scuola. Durante tutta la ricerca i bambini hanno potuto comunicare, tramite e-mail, con l'esperta del Museo di Trento, che alla fine del processo è ritornata in aula per mostrare, con la LIM, il video dell'Istituto Luce dedicato alla storia della seta e contenente le operazioni legate all'estrazione della seta dai bozzoli.
A questo punto anche gli alunni hanno realizzato in classe piccole matasse di seta.
Il progetto si è concluso con la visita al Museo della seta di Como, per la quale la classe si è preparata anche attraverso l'analisi (con *Google Earth*) del percorso da compiere per raggiungere Como.
La ricerca ha coinvolto i bambini anche in attività alternative, come la preparazione di una presentazione in *Power Point* relativa alla storia della seta (completa di immagini, testi e voci narranti dei bambini) e la realizzazione di disegni sulle varie fasi, successivamente scannerizzati e proiettati sulla LIM per scegliere i lavori migliori da riprodurre in grandi pannelli da appendere.
Delle attività realizzate durante l'anno, il maestro ha prodotto un video documentario di tutta l'esperienza.

IL GIUDIZIO DEI BAMBINI

Questa significativa esperienza della scuola primaria "Grazioli" di Lavis, è stata oggetto di un servizio del TG regionale; durante il servizio è stata rivolta ai bambini la seguente domanda: «Che differenza c'è tra la lavagna normale e quella interattiva?».
Essi hanno così risposto:

«Mi piace perché possiamo guardare le immagini».

«Che quella interattiva se scriviamo qualcosa resta e si può stampare, invece quella lì tradizionale bisogna cancellarla e non resta più».

«Quando il maestro deve prendere la barra degli strumenti c'è una specie di giochino che devi rincorrere una crocetta».

«Quando magari facciamo una scheda sulla lavagna almeno c'è qualcosa che si muove ed è anche molto più divertente!».

Conclusioni

Dal baco al filo di seta è una testimonianza del successo dell'applicazione di una didattica laboratoriale sulla LIM, in cui i bambini hanno dimostrato tutto il loro interesse e la loro motivazione verso un processo coinvolgente e appagante. Grazie all'utilizzo della LIM, dei contenuti e dei software reperiti in Rete, è stato più semplice tracciare la sequenza didattica ed evidenziare le fasi di programmazione, di osservazione e di riflessione. Il maestro che ha guidato il processo ha rilevato un maggior coinvolgimento nella lezione ed un aumento della concentrazione da parte dei bambini.

Sitografia

http://www.ivanasacchi.it È IL SITO DI UNA INSEGNANTE SUL QUALE È POSSIBILE TROVARE PROGRAMMI DESTINATI SOPRATTUTTO AI BAMBINI DELLA SCUOLA PRIMARIA.

http://earth.google.it/ È IL SITO DA CUI È POSSIBILE SCARICARE *GOOGLE EARTH*, UN SOFTWARE GRATUITO CHE PERMETTE DI VISUALIZZARE FOTOGRAFIE AEREE DELLA TERRA, CON UNA GRAFICA TRIDIMENSIONALE ALTAMENTE DETTAGLIATA.

3.5 Il libro e la LIM: percorsi di integrazione nella scuola primaria

Loredana Camizzi, Serena Goracci

Nell'ambito del progetto SCHOOL-SUITE, promosso nell'anno scolastico 2006-2007 dall'Ufficio Scolastico Provinciale di Bologna, la scuola primaria "Giovanni Falcone", situata nel Comune di Argelato, ha avviato un percorso di sperimentazione che ha mostrato le potenzialità del connubio libro di testo/lavagna digitale.

IL CONTESTO

Il tessuto sociale ed economico in cui si colloca la scuola sta vivendo in questi ultimi anni una profonda metamorfosi per la nascita di un grosso insediamento commerciale in un'area tradizionalmente contadina.
La scuola è frequentata da alunni di varia provenienza. Non tutti a casa possiedono un computer e il collegamento a Internet.

LE ATTREZZATURE TECNOLOGICHE

Grazie al finanziamento ottenuto da una banca, la scuola è stata dotata, come altre della provincia bolognese, di un "kit tecnologico" composto da una lavagna interattiva, una tavoletta grafica, alcuni risponditori, un PC portatile e un videoproiettore.

L'esperienza con la LIM

Per i docenti coinvolti, il progetto ha previsto un corso di formazione introduttivo all'uso della lavagna e un ambiente on line di supporto e di condivisione delle esperienze.
La scuola ha risposto con entusiasmo a questa novità. La classe seconda di Giuseppina Grasselli, docente per l'area linguistica, che, insieme alla collega dell'area scientifica, aveva partecipato alla prima formazione, ha avviato una prima sperimentazione, seppur ad anno scolastico quasi terminato (primavera 2007). Le due docenti avevano già maturato esperienza di didattica laboratoriale con le nuove tecnologie e hanno subito intravisto le potenzialità di questo strumento.

LA DISPOSIZIONE DELLA LAVAGNA

La lavagna è stata collocata nel laboratorio di informatica, permettendone l'utilizzo, per almeno un paio di ore settimanali, a tutte le classi. Come prevedibile, ne hanno usufruito soprattutto quei docenti che, come le due insegnanti, erano abituati a portare i loro alunni nel laboratorio per lavorare con i computer. Il laboratorio è stato scelto sia perché unica aula collegata a Internet, sia perché dotato di una porta blindata.

La lavagna è stata posizionata sulla parete libera sopra il suo piedistallo regolabile, con il proiettore e il PC posti su un banco in mezzo alla stanza: si è deciso di non rivoluzionare troppo il setting esistente in attesa della prevista ristrutturazione, grazie alla quale anche la lavagna sarà collocata in una posizione più ergonomica e coerente con il resto degli strumenti presenti (FIG. 1).

FIGURA 1 – *Disposizione della lavagna nel laboratorio.*

A favorire un clima rilassato e collaborativo ha contribuito il fatto che davanti alla LIM i bambini si siedono per terra su dei tappetini da palestra.
Al PC a cui è connessa la lavagna sono stati collegati:

- lo *scanner*, per poter trasferire sulla superficie interattiva materiali didattici provenienti da fonti cartacee (libri, cartelloni, schede, quaderni);
- la *stampante*, per poter riportare in formato cartaceo il lavoro fatto alla lavagna, riutilizzandolo all'interno dei quaderni e dei libri;
- le *casse acustiche*, per poter fruire di contenuti audio.

L'insegnante, fin dall'inizio, ha responsabilizzato i suoi alunni dando delle regole per preservare la strumentazione: ad esempio è stato deciso che siano i bambini stessi a occuparsi di accendere e calibrare lo schermo della LIM prima dell'inizio della lezione.

IL PRIMO APPROCCIO

«La prima volta che abbiamo acceso la lavagna siamo rimasti per un po' di secondi fermi con gli occhi fissi sullo schermo bianco. Poi, la prima cosa che abbiamo fatto è stata di metterci le mani sopra e ridisegnarle con il pennarello».
Considerando il poco tempo che rimaneva alla fine dell'anno scolastico, le insegnanti hanno pensato di utilizzare la LIM per presentare un lavoro sulla produzione del vino che era già stato realizzato durante il secondo quadrimestre: i ragazzi hanno utilizzato gli strumenti e il software della lavagna per ricomporre e commentare le foto che avevano fatto su ogni fase dell'esperienza vissuta. Con il supporto delle maestre, hanno inserito un test di verifica finale a cui rispondere tutti insieme proprio con l'aiuto delle foto.

Il primo uso della lavagna è stata la manipolazione di immagini, attività efficace per catturare l'attenzione dei bambini, ma vissuta come un'esperienza a sé stante rispetto al programma portato avanti durante l'anno. Le insegnanti hanno, infatti, selezionato un singolo argomento di una specifica materia e su questo hanno costruito un'attività didattica interessante ma estemporanea.

LA LAVAGNA ENTRA NELL'ATTIVITÀ QUOTIDIANA

Nell'anno scolastico successivo l'approccio è stato completamente diverso. Le maestre, incoraggiate dal coinvolgimento e dalla motivazione dimostrati dai bambini nella prima esperienza, hanno provato a inserire l'uso della LIM nella programmazione didattica, in particolare per affrontare alcune attività che ai bambini risultavano più noiose e difficili, persino nelle ore del pomeriggio, caratterizzate da un diffuso calo dell'attenzione.

Affrontando il tema della preistoria, la classe ha riscontrato qualche problema con la linea del tempo presente sul libro di testo: troppo piccola, troppo sintetica, troppo astratta, poco comprensibile per i bambini che ne hanno, quindi, ricostruita una sulla lavagna (FIG. 2).

Dopo aver acquisito dal libro l'illustrazione con lo scanner, per avere sempre a portata di mouse il punto di riferimento "ufficiale", la maestra ha inserito sulla superficie interattiva uno sfondo a quadretti e tracciato una linea orizzontale (invece che verticale come nel libro). Gli alunni hanno deciso una unità di misura e realizzato una scansione temporale delle ere utilizzando colori diversi. Per rappresentare i vari elementi, senza effettuare eccessive contrazioni, si è proseguito la linea su una *slide* nuova, in modo da poter arrivare fino al periodo della comparsa dell'uomo e collocare in modo ben visibile il dinosauro e l'uomo. Una volta costruita, la stessa *timeline* è divenuta "luogo" di esercitazione in cui ciascun bambino ha potuto mettersi alla prova, ricollocando ogni specie nel periodo corretto. Come lavoro finale, l'insegnante ha fatto costruire il classico cartellone dove i bambini hanno potuto esibire non solo le conoscenze acquisite, ma anche le capacità artistico-espressive. Esso ha costituito il momento finale nel quale si è materializzato il percorso compiuto. La linea sul-

FIGURA 2 – *Linea del tempo ricostruita sulla LIM.*

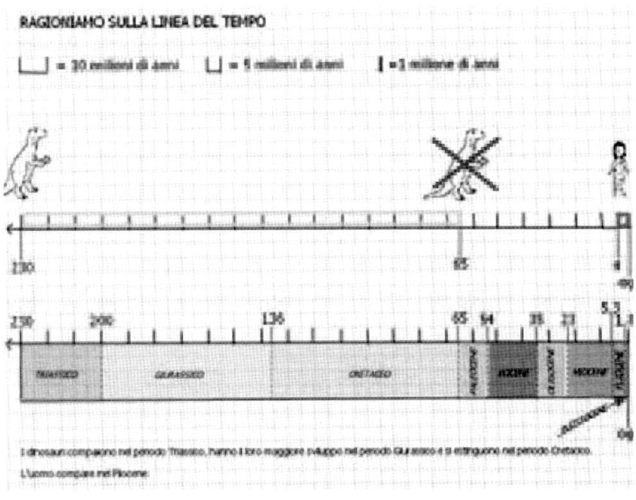

la lavagna ha potuto continuare a essere oggetto di esercitazione per quei bambini che erano stati assenti o per chi aveva necessità di un ripasso.
Le conclusioni dell'insegnante: «Quale era prima il massimo dell'insegnamento? Avere due o tre testi validi e qualche eserciziario. Adesso il materiale te lo produci con la lavagna. Non hai più bisogno di adattare il tuo modo di insegnare al contenuto del libro, ma puoi adattare il contenuto al tuo modo di insegnare».

INTEGRAZIONE TRA LIBRO E LAVAGNA

La didattica basata sull'integrazione tra libro di testo e lavagna digitale ha dimostrato tutta la sua efficacia. Sempre a proposito del periodo preistorico, il libro presentava alcune piccole immagini delle pitture rupestri e relative indicazioni delle località in cui esse si trovano per lo più sconosciute ai bambini. La classe ha realizzato una ricerca su Internet per trovare dei siti sulle pitture e sui luoghi indicati e poi ha selezionato immagini a buona risoluzione delle pitture rupestri. Il materiale è stato trasferito nel software della lavagna (anche utilizzando la funzione "cattura") per la rielaborazione collettiva.
Ad esempio, su una mappa dell'Europa tratta dall'archivio delle immagini presenti sulla lavagna (*gallery*), i bambini hanno collocato le immagini delle pitture sui relativi luoghi e scritto, sotto ciascuna di esse, i commenti utili per tutto il gruppo. Infine, si è proceduto a stampare una copia di quanto appariva sulla lavagna per ogni bambino che l'ha incollata sul proprio quaderno. In questo modo, il testo del sussidiario è stato notevolmente arricchito con materiale didattico.

IL LAVORO A CASA

Il lavoro fatto a scuola con la lavagna non si conclude al suono della campanella, ma prosegue a casa. Il bambino ha davanti a sé non solo le pagine del libro, ma anche le schermate della lavagna stampate e incollate sui quaderni, con le indicazioni dei siti che le insegnanti selezionano, di volta in volta, sugli argomenti trattati.
Questa ricchezza di informazioni ha un riscontro sui risultati: alle interrogazioni i ragazzi sono in grado di argomentare in modo più articolato e fare agevolmente i collegamenti. Il libro diventa il "punto di partenza" di un percorso che si arricchisce, strada facendo, di materiali presi da Internet, dagli archivi resi disponibili dai produttori delle lavagne e da *repository* presenti in rete. Non solo, durante questo percorso la conoscenza è costruita collettivamente dal gruppo classe e alla fine, se necessario, essa ritorna nelle pagine del libro per tenere memoria di quello che è stato fatto a scuola, in mo-

do che a casa (con o senza computer, con o senza Internet) gli argomenti trattati siano consolidati.

IL LAVORO IN GRUPPO

Le maestre hanno potuto potenziare l'alternanza tra la lezione collettiva, il lavoro individuale e in piccoli gruppi. La lavagna ha la capacità di catturare l'attenzione dei ragazzi e, quindi, per le insegnanti è stato più facile organizzare un'attività, spiegarne le premesse, definirne ruoli e regole, per poi farsi da parte, abbandonare la "cattedra" e rivestire la funzione di osservatrici e "registe", sempre pronte a ri-orientare il lavoro.
Dinamiche di questo tipo sono valorizzate in attività ludiche, come quella sperimentata dalle insegnanti con il *Tangram* (http://it.wikipedia.org/wiki/Tangram), un gioco in cui si devono comporre figure complesse secondo alcune regole di costruzione e che può essere utile alla comprensione delle figure e dello spazio.
Dopo aver fatto sperimentare agli alunni la costruzione del *Tangram* con modellini di cartone, le insegnanti, sempre nella prospettiva dell'integrazione tra i vari strumenti, hanno realizzato l'attività con la LIM. Il *Tangram* è stato ricreato *in formato digitale* e i bambini, a turno, sono stati chiamati a scomporlo e a invitare un compagno a ricostruirlo (FIG. 3).
La maestra, prima di spostarsi in fondo all'aula per osservare l'attività, ricorda le regole del gioco: nessuno può suggerire fino a quando non lo deciderà lei, ma l'alunno chiamato per la ricomposizione avrà a disposizione un aiuto costituito da un'altra schermata della lavagna, a cui potrà accedere fino a tre volte, con la possibilità anche di chiamare un altro compagno ad aiutarlo. Quando arriva il momento in cui si può suggerire, i bambini, che sono stati attentissimi ai movimenti del compagno, si scatenano.

FIGURA 3 – *Il gioco del* Tangram *sulla LIM.*

L'alternanza tra lavoro individuale e momenti di condivisione ha caratterizzato anche altre attività. Ad esempio, a fine anno scolastico gli alunni hanno costruito una sitografia di giochi on line da utilizzare durante le vacanze. A partire da un elenco selezionato dalle maestre, hanno cercato e sperimentato sul computer, da soli o in coppia, giochi che destavano il loro interesse e dopo averne compreso funzionamento e dinamiche, li hanno proposti all'atten-

zione delle maestre e della classe utilizzando la LIM. I compagni hanno potuto provarli (a turno) e tutti insieme hanno cercato di catalogarli come giochi di "strategia" o di "simulazione".
Con modalità simili viene affrontato anche il momento della verifica e della correzione dei compiti. Nel caso della correzione di esercizi di scrittura e di ortografia, grazie allo scanner collegato alla LIM, vengono acquisiti sullo schermo della lavagna gli elaborati realizzati dai bambini, in modo da essere analizzati con l'intera classe. L'attività di verifica diviene un lavoro cooperativo tra pari, in cui la maestra interviene solo per controllare e orientare il processo, analizzando le difficoltà e verificando gli errori.

Conclusioni

Dopo i primi due anni di esperienza, sono aumentate le aspettative di insegnanti e alunni nei confronti della lavagna e, contestualmente, l'esigenza di poterla usare in classe tutti i giorni. Si è verificato, infatti, che l'uso della lavagna è maggiormente efficace quando essa viene integrata nella didattica quotidiana, come strumento in continua correlazione con il libro di testo. Ciò potrebbe creare le condizioni per una nuova progettazione curricolare, realizzata tenendo conto delle possibilità offerte da questa nuova tecnologia.

Sitografia

Progetto *School Suite*:
http://provvbo.scuole.bo.it/servizitecnici/lavagne/

Rassegna *Scuola 8.0*:
http://scuola8.scuole.bo.it/,

Giochi on-line:
http://www.disney.it
http://www.giochigratisonline.it
http://www.flashgames.it

3.6 La lavagna fa "crescere" i bambini: un'esperienza dalla scuola dell'infanzia

Francesca Rossi

Anche nella scuola dell'infanzia si sente la necessità di svolgere una didattica multimediale, al fine di sviluppare l'apprendimento e la conoscenza di sé. Questo contributo presenta l'esperienza realizzata, a partire dal 2005, dall'Istituto Comprensivo "Bruno Munari" di Milano, grazie all'utilizzo di fondi dell'Ufficio Scolastico Regionale della Regione Lombardia. Il successo conseguito ha fatto sì che la scuola sia rientrata tra i casi di eccellenza in Lombardia.

Il contesto

L'Istituto Comprensivo "Bruno Munari" include al proprio interno una scuola dell'infanzia, una scuola primaria e una secondaria di primo grado.
L'Istituto rappresenta una realtà socio-economica per diversi aspetti critica:

- è situato in periferia;
- registra un'alta presenza di nomadi e immigrati;
- è frequentato da bambini diversamente abili o con situazioni familiari critiche.

La dirigente Fiorella Fiorini aveva intuito le potenzialità della LIM partecipando, nel 2003, alla "Conferenza Mondiale sull'Educazione" tenutasi a Lisbona e successivamente, grazie al finanziamento dell'USR-Regione Lombardia, è riuscita a introdurre nel suo Istituto due lavagne nella scuola secondaria di primo grado, una lavagna nella primaria, una lavagna nel laboratorio di informatica e una lavagna nel plesso distaccato di Muggiano.
Nell'Istituto, dopo una prima fase di familiarizzazione con il nuovo strumento didattico da parte degli insegnanti, si è creato un clima di ampia disponibilità all'innovazione e alla sperimentazione, favorito anche dalla decisione del dirigente scolastico di utilizzare la LIM nel Consiglio di Istituto.

Il progetto

Il progetto che viene descritto riguarda quarantasette bambini di cinque anni, ovvero i bambini che frequentano l'ultimo anno della scuola dell'infanzia (i cosiddetti "remigini"), di cui trentasei della sede principale dell'Istituto e undici del plesso distaccato. Nella

scuola dell'infanzia, la LIM è situata nel piccolo laboratorio di informatica.
Sappiamo che quando la LIM finisce "reclusa" in un'aula laboratorio o in un'aula polivalente, la sua funzione di integrazione del curricolo con i linguaggi della multimedialità e dell'interattività è minore (Cousin-Gasser-Urbani-ORME, 2004). In questo caso, tuttavia, sono da tenere presenti le peculiarità della scuola dell'infanzia, e in particolare:

- età dei bambini;
- assenza di specifiche materie disciplinari;
- attività con gruppi di diversa età;
- attività laboratoriali con gruppi di età omogenea;
- assenza di vincoli burocratici sulla didattica;
- assenza di obbligatorietà della frequenza;
- metodologia di insegnamento basata sull'approccio ludico e non sulla lezione frontale.

Per questi motivi, il fatto di lavorare con i bambini nell'aula laboratorio presenta minori inconvenienti rispetto agli altri ordini di scuola.

SETTING TECNOLOGICO

La LIM è stata fissata al muro, per evitare che gli scomodi fili di alimentazione intralcino i bambini, mentre il proiettore è stato disposto su un tavolino di fronte alla lavagna.
La lavagna utilizzata appartiene alla categoria di lavagne *touch-sensitive*, che consentono di fare esercizi tattili, utili per bambini in età prescolare. La dirigente, tuttavia, ha sottolineato il fatto che i bambini non riscontrano alcuna difficoltà anche a utilizzare le altre tipologie di lavagne installate nel plesso didattico.

L'ESPERIENZA DIDATTICA

L'esperienza didattica, curata dall'insegnante Livia Cozzio, si è sviluppata nel corso dell'anno scolastico 2007-2008 durante le giornate dedicate al laboratorio di informatica: i bambini sono stati divisi in piccoli gruppi che si sono alternati collaborando in modalità laboratoriale. La possibilità di svolgere attività in gruppi ristretti ha consentito di osservare con maggior attenzione i comportamenti del bambino.
Le varie fasi del processo adottato, di seguito riportate, hanno consentito un utilizzo critico e consapevole dello strumento:

- presentazione della lavagna digitale: la docente fornisce le indicazioni indispensabili per il funzionamento della LIM;
- decodifica dei simboli relativi agli strumenti che si possono utilizzare;

- realizzazione di grafiche spontanee: la docente sottolinea l'aspetto ludico dell'esperienza;
- illustrazione e attività con immagini;
- gioco con il software didattico (in cui si può utilizzare il "tocco" come mouse).

I bambini, seduti a terra, da soli o in gruppo, illustrano che cosa hanno imparato a fare con la LIM (FIG. 1).
Prendono il loro "panchettino", per arrivare ai comandi, e cominciano la loro esibizione. Il compito è quello di eseguire degli esercizi basati sulla tecnica del *drag-and-drop*: il bambino ha a disposizione sagome umane e accessori vari (indumenti, cappelli, scarpe ecc.).
Coinvolgendoli nell'utilizzo della superficie condivisa della lavagna, l'insegnante stimola nei bambini il concetto di aiuto reciproco nella realizzazione di un compito.
Dopo l'esposizione i bambini giocano liberamente sulla lavagna al *Gioco delle api*, un software *open source*.
Le tematiche scelte dall'insegnante nell'esperienza con i "remigini" riguardano principalmente la codifica e decodifica dei simboli e le realizzazioni creative, ma la lavagna viene utilizzata anche per:

FIGURA 1 – *"Remigini" dell'Istituto Comprensivo "Bruno Munari" di Milano.*

- insegnare ai bambini a scrivere il proprio nome con i pennarelli e la tastiera;
- imparare a leggere e a scrivere;
- imparare i numeri;
- imparare a orientarsi nello spazio.

Inoltre, la lavagna è stata adottata anche in alcuni progetti relativi alla metalinguistica e in progetti sui linguaggi non verbali (applicati ai bambini di età compresa tra i 3 e gli 11 anni).
Un'altra esperienza condotta in classe con la LIM è stata la riscrittura della fiaba *I tre porcellini*.
Dopo aver narrato la fiaba ai bambini, l'insegnante ha richiesto loro di raccontare nuovamente la storia, servendosi però della lavagna digitale. I bambini hanno prodotto disegni usando forme geometriche colorate e motivando le proprie scelte alla maestra che le ha trasferite sulla LIM (FIG. 2). Alla conclusione del lavoro, i piccoli studenti hanno riletto la "nuova" fiaba.

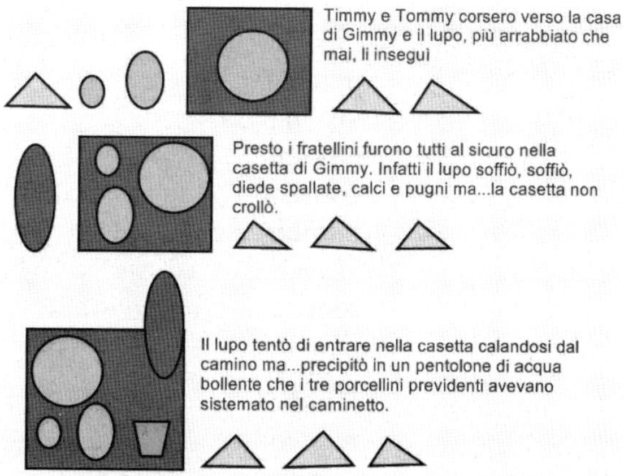

FIGURA 2 – *Fiaba* I tre porcellini*: scuola dell'infanzia dell'ICS "Bruno Munari" (Milano).*

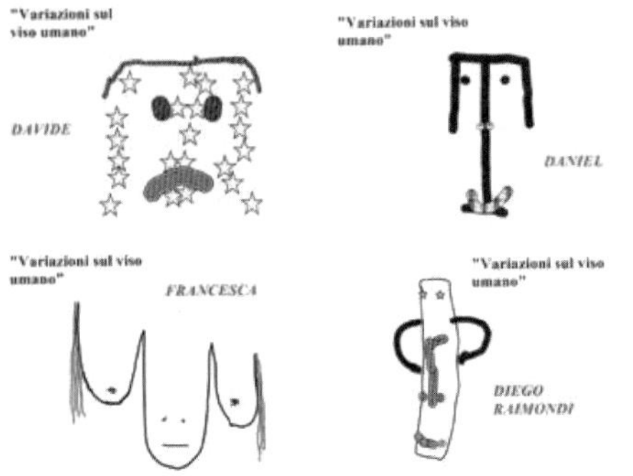

FIGURA 3 – *Variazioni sul viso umano visto di fronte: scuola dell'infanzia dell'ICS "Bruno Munari" (Milano).*

La lavagna è stata utilizzata anche per realizzare elaborati artistici, ispirandosi alle opere di Bruno Munari, autore delle *macchine inutili*, dei *giochi con le parole*, del *disegnare un albero* e dei *visi umani visti di fronte*.
Le produzioni grafiche sono state esposte in occasione della mostra di fine anno dedicata ai *100 anni dalla nascita di Bruno Munari*, evento che ha coinvolto l'intero Istituto con la partecipazione di alunni, insegnanti e genitori.
Partendo da una delle tematiche delle opere di Munari, i bambini attraverso il gioco hanno riprodotto le immagini con le varie simbologie.
In FIGURA 3 sono riportate le interpretazioni dei bambini circa la seguente tematica:
"In quanti modi e con quali mezzi tecnici si possono fare delle varianti a un viso umano visto di fronte?" (Bruno Munari, da *Arte e Mestiere*).

VALUTAZIONE DELL'ESPERIENZA

Sulle esperienze fatte, l'insegnante ha espresso quelli che, a suo parere, sono stati i punti di forza e di debolezza nell'utilizzo della LIM.
L'esperienza è risultata positiva soprattutto sui seguenti aspetti:

- nell'*apprendimento* è migliorato il ricorso alle funzioni metacognitive, si sono affinate le funzioni interpretative, di valutazione e di autovalutazione;
- nell'*interazione* è generalmente poco gradito l'intervento dei compagni al primo incontro, mentre diventa consuetudine negli incontri successivi;
- è aumentato *spontaneamente* il ricorso all'aiuto del docente;
- è aumentata la *disponibilità* a "raccontare ciò che si fa a scuola".

Unica nota dolente è stata l'aver riscontrato in alcuni docenti una certa resistenza all'uso della LIM, percepita come una sostituzione della lezione frontale, anziché come un suo potenziamento e un invito a sperimentare metodologie nuove.
Ritornando sulla maggiore disponibilità da parte dell'alunno a "raccontare ciò che fa a scuola", osserviamo che riferire agli altri la propria esperienza è servito ai bambini per prendere coscienza di ciò che hanno imparato rafforzando di conseguenza il proprio carattere: un cambiamento che ha interessato sia la loro modalità di lavoro sia il loro metodo di studio e che ha fatto parlare di una "qualificazione d'uso" della LIM.
L'Istituto punta molto su questo aspetto, ritenendolo molto im-

portante per la crescita dei bambini. Seguendo questa impostazione, l'Istituto ha indetto una giornata chiamata *open day* in cui i bambini sono i protagonisti e raccontano le proprie esperienze a docenti e genitori. Come testimoniato dall'ispettore Augusto Tarantini, responsabile dell'Area Progettuale "ICT nelle scuole" all'interno dell'USR-Lombardia, l'Istituto è risultato tra i casi di eccellenza in Lombardia.

Conclusioni

La LIM è uno strumento idoneo per catturare l'attenzione del bambino anche in età prescolare, quando è ancora immerso in una visione animistica della realtà che lo circonda. La lavagna digitale permette l'interazione percettiva e motoria con i suoi strumenti tramite il "tocco". L'esperienza ha dimostrato inoltre che le caratteristiche della lavagna e il suo particolare utilizzo pongono il bambino in grado di esercitare e acquisire abilità utili alla crescita scolastica e personale.

Palmira Ronchi

3.7 La LIM per potenziare l'interazione e l'apprendimento attivo

Vi presentiamo un percorso didattico che può essere riproposto in ogni realtà scolare, in quanto trattasi della realizzazione di un progetto multidisciplinare e cross-curriculare: la ricerca di *patterns*, ovvero di configurazioni geometriche presenti nella vita reale. Le attività si sono svolte nell'ambito di un parternariato Comenius dal 2006 al 2008 e hanno interessato cinque scuole europee con studenti tra gli 11 e i 19 anni di età e studenti portatori di handicap di Italia, Belgio, Spagna, Irlanda e Svezia.
Partendo dal tema principale, i *pattern*, si è dato spazio all'iniziativa degli allievi, alle loro forme del pensare e dell'agire e alla loro personale creatività, utilizzando varie risorse digitali e la LIM come strumento di condivisione e cooperazione in classe.

Il progetto *Partners in patterns*

FIGURA 1 – *Geometria presente nel pavimento della chiesa di S. Maria del Buon Consiglio, Bari.*

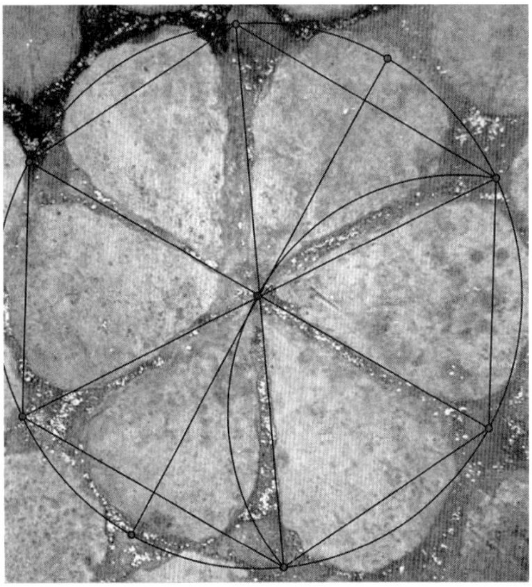

Come si può inserire la LIM in classe e renderla strumento di un lavoro collaborativo? Il progetto *Partners in patterns* si è avvalso delle tecnologie digitali e ha impegnato i partecipanti europei in uno studio delle forme geometriche presenti nella vita reale. Attraverso la collaborazione tra le scuole, il lavoro ha portato a una riflessione sul patrimonio storico e culturale di ogni paese partner. Si sono svolte "passeggiate" (*Walking patterns tour*) all'Alhambra e a Madrid in Spagna, a Tongeren in Belgio, a Bari e a Castel del Monte di Andria in Italia, durante le quali i partner hanno ricercato *pattern* nella natura e nelle arti del luogo. Queste ricerche hanno riguardato, ad esempio, la geometria presente in un pavimento (FIG. 1), le simmetrie che si possono trovare in natura, in chimica, la sezione aurea nelle arti figurative.

Il *Walking patterns tour*

Illustriamo in dettaglio una delle attività.
Durante un *Walking patterns tour* un allievo è rimasto colpito dalla predisposizione di due margherite e le ha fotografate con una macchina digitale (FIG. 2) per poi riportarle in un file immagine.

Operando con la LIM e utilizzando il suo software con relativi strumenti (righello, squadre e compasso) o un software di geometria dinamica (nella FIGURA 2 si è utilizzato l'open source *Geogebra*, scaricabile dal sito www.geogebra.org), l'insegnante ha evidenziato le proprietà geometriche caratterizzanti la simmetria centrale e assiale.

FIGURA 2 – *Simmetrie del mondo reale.*

La LIM facilita il processo di apprendimento per imitazione, in quanto il docente può mostrare e non solo spiegare il procedimento, ma occorre scegliere software che ne esaltino l'interattività e, nel contempo, siano di facile utilizzo per le rappresentazioni geometriche e significativi per le manipolazioni simboliche da operare.

L'ORGANIZZAZIONE DELLE ATTIVITÀ

L'organizzazione del lavoro si è articolata sia in attività di condivisione delle esperienze e di momenti di approfondimento teorico sia in attività di ricerca e di elaborazione digitale svolte in piccoli gruppi o individualmente in laboratorio.
I momenti di interazione in classe hanno attivato nell'allievo il senso di giocosità, la sensazione di avere il controllo, la concentrazione e l'attenzione infondendogli il piacere di svolgere il compito assegnato e consentendogli così un apprendimento attivo, inteso come sfida tra quello che si sta per fare e le proprie capacità messe in gioco (Csikszentmihalyi, 1990).
Il lavoro è poi proseguito con l'obiettivo di far acquisire agli allievi la padronanza del concetto di simmetria attraverso l'ausilio di software e della LIM.
In FIGURA 3 è riportata una fotografia fatta a due ragazzi mentre si dispongono in modo da rendersi simmetrici l'uno all'altro. La foto è stata inserita in forma digitalizzata sulla LIM e un allievo è stato invitato dall'insegnante a tracciare, con le speciali penne in dotazione alla lavagna, la simmetria che determina il *pattern* che l'autore della foto ha ricercato in maniera intuitiva. Dopo alcuni tentativi con le penne o utilizzando lo strumento "linee", l'allievo è pervenuto a determi-

FIGURA 3 – *Foto digitalizzata e utilizzata per la ricerca di* pattern.

nare e a verificare con l'uso della calcolatrice virtuale le proprietà enunciate.
Oltre al software *Geogebra*, già citato, si è utilizzato il software on line di matematica *WIRIS* fornito liberamente a docenti e alunni negli ambienti on line di PuntoEDU dell'Agenzia Nazionale per lo Sviluppo dell'Autonomia Scolastica di Firenze e reperibile in rete all'indirizzo web: http://tomcat.indire.it/wiris/it/index.html.

L'ORGANIZZAZIONE DELA CLASSE

Il compito dell'insegnante è di strutturare e gestire con flessibilità una classe realmente cooperativa e migliorare il livello di interazione all'interno di essa. La ricerca effettuata evidenzia come la geometria, che fa parte del programma di matematica, trovi applicazione, in pratica, in tutte le discipline. Un altro aspetto interessante di questo approccio risiede nel fatto che lo studente si trova a non dover dare spazio per forza all'immaginazione di una determinata situazione geometrica, soprattutto se essa non gli è molto familiare, ma è guidato alla sua comprensione dalla situazione reale.
La ricerca di *pattern* e la raccolta del materiale iconografico e fotografico costituiscono la prima parte del lavoro comune: l'insegnante in questa fase deve mostrare estrema disponibilità, senza valorizzare o denigrare alcun materiale. Il suo ruolo è promuovere la discussione e operare scelte condivise da tutti; in tal modo, si abituano i ragazzi a non abbracciare un'ipotesi sulla base dell'emotività, ma ad argomentarla opportunamente per giustificare la scelta operata. Con l'uso della LIM e di altre risorse digitali si è costituito un ambiente attivo-manipolativo, dove l'allievo non acquisisce solo contenuti, ma ha la possibilità di mostrare quanto ha appreso in modo originale e personale attraverso la produzione di un proprio elaborato (*artefact*), in questo caso "cartoline digitali" che sono state stampate diventando cartoline postali, o veri e propri percorsi fotografici corredati da note, rielaborazioni grafiche e approfondimenti tematici poi stampati o pubblicati sul web.

CONCLUSIONI

La LIM offre la possibilità di registrare le attività svolte: l'allievo può riascoltarsi e rendersi meglio conto delle proprie lacune, in un confronto aperto con se stesso che lo aiuta a controllarsi e migliorarsi. La classe può essere divisa in gruppi che costruiscono il loro intervento liberamente, utilizzando gli strumenti e le tecniche più consone alla loro preparazione. L'acquisizione costruttiva dei concetti è dimostrata nell'analizzare i problemi e le fonti secondo prospettive diverse, nel raccogliere e poi selezionare materiali diversi e infine nel realizzare e presentare ai compagni i prodotti del proprio operare. Gli allievi sviluppano la consapevolezza del loro personale modo di apprendere. L'insegnante è impegnato a guidare i processi messi in atto e a valutare i prodotti finali elaborati. Nello svolgersi del progetto si è rafforzata la consapevolezza di quanto asseriscono le moderne concezioni socio-costruttivistiche sull'apprendistato cognitivo e sull'apprendimento cooperativo, ovvero che un'esperienza didattica attiva e complessa, realizzata assieme ad altri, ha per un allievo il massimo di potenzialità di sviluppo metacognitivo.

Alessandro Campi

3.8 L'INSEGNAMENTO E L'APPRENDIMENTO DELLA STORIA DELL'ARTE CON LA LIM

In questo contributo viene descritto il progetto realizzato dal Gruppo Editoriale Giunti per l'insegnamento e l'apprendimento della Storia dell'arte con la LIM. Il progetto è rivolto agli insegnanti e agli studenti delle classi terze e quarte della scuola secondaria di secondo grado ed è stato realizzato attorno al tema centrale de *Lo studio della prospettiva nella storia dell'arte italiana.*

DESCRIZIONE DEL PROGETTO

Il progetto nasce dalla considerazione che l'applicazione del linguaggio multimediale interattivo alla storia dell'arte produce esperienze di apprendimento uniche, non realizzabili con il solo libro di testo e con gli strumenti multimediali tradizionali. Lo sviluppo di una didattica che valorizza il patrimonio di conoscenze presenti in Rete e che utilizza contenuti multimediali e interattivi sulla LIM rappresenta un elemento di grande importanza nell'ambito delle discipline storico-umanistiche e artistico-culturali, laddove le dimensioni della memoria e del radicamento territoriale si coniugano in modo straordinario con i nuovi linguaggi digitali.
In particolare, il progetto offre una serie di percorsi tematici costruiti attorno al tema centrale de *Lo studio della prospettiva nella storia dell'arte italiana.* A ogni percorso tematico è associato un kit didattico per la LIM, costruito per sviluppare capacità nuove di "lettura" delle opere d'arte, con particolare riferimento a:

- l'abitudine a "guardare" le immagini, per capirle, approfondirne i contenuti e dedurne, attraverso processi di analisi e sintesi, le finalità comunicative e il contesto storico-culturale in cui l'artista ha operato;
- la comprensione degli elementi della grammatica artistica, della logica compositiva dell'opera e del progetto comunicativo dell'artista.

La TABELLA 1 nella pagina a fianco offre una descrizione di sintesi del progetto.

Scheda di sintesi del progetto	
Titolo del progetto	*Una scuola al passo con i tempi: creare un ponte tra la didattica tradizionale e il linguaggio digitale.*
Promotore	Assessorato alla Pubblica Istruzione della Provincia di Firenze.
Attuatore	Giunti Labs S.r.l. (www.giuntilabs.com), società di *e-learning & new media* del Gruppo Editoriale Giunti (www.giunti.it).
Obiettivi	Insegnare e apprendere la storia dell'arte con contenuti multimediali creati per la LIM.
Destinatari	Insegnanti e studenti delle scuole secondarie di secondo grado della Provincia di Firenze.
Focus tematico	La prospettiva nella storia dell'arte italiana.
Struttura	Percorsi tematici costruiti attorno al tema della prospettiva.
Prodotti e servizi offerti	• Portale del progetto. • LIM nelle classi. • Contenuti didattici per la LIM. • Guide metodologiche per insegnanti e studenti. • Formazione degli insegnanti. • Strumenti di monitoraggio e valutazione del progetto.
Materiali didattici forniti	Kit didattico per la LIM, costituito da: • *Learning Object* interattivi per la lettura guidata delle opere d'arte. • Schede operative. • Esercitazioni. • *Project work*. • Materiali di supporto per l'insegnante.
Periodo di realizzazione	Gennaio 2007-ottobre 2007
Periodo di sperimentazione	Anno scolastico 2007-2008
Partner progettuali	• Agenzia Nazionale per lo Sviluppo dell'Autonomia Scolastica (www.indire.it). • Centrica S.r.l (www.centrica.it). • Eurobyte S.r.l. (www.eurobyte.net). • Prof.ssa Cristiana Canali (consulenza metodologica).

Tabella 1 – *Scheda di sintesi del progetto.*

I sei percorsi tematici sono:

1. Dalle intuizioni prospettiche alla costruzione di un sistema prospettico.
2. La razionalità prospettica.
3. La visione prospettica ordinatrice di uno spazio ideale.
4. Lo spazio concettuale della prospettiva.
5. La prospettiva aerea-cromatica.
6. La prospettiva illusionistica.

A ogni percorso tematico è stato associato un kit didattico per la LIM, formato da:

- Materiale introduttivo e di supporto per l'insegnante (2).
- *Learning Object* multimediale e interattivo (1).
- Schede operative (2).
- Esercitazioni (2).
- *Project work* (2).

La FIGURA 1 evidenzia la struttura del kit didattico per la LIM.

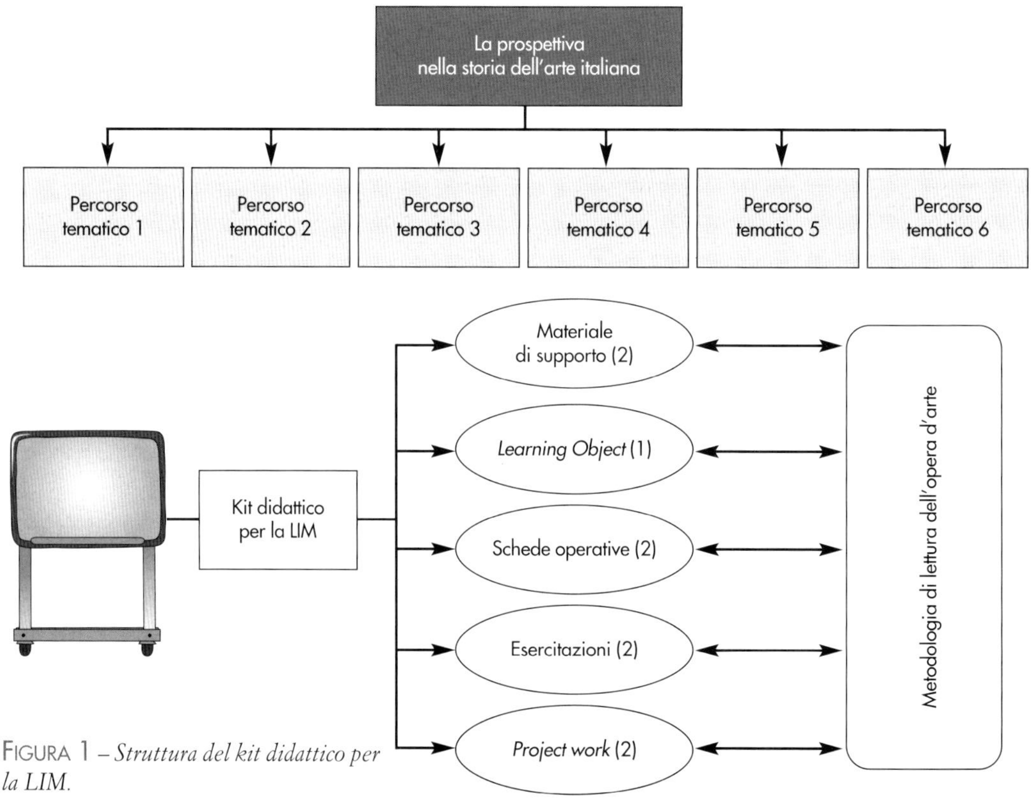

FIGURA 1 – *Struttura del kit didattico per la LIM.*

La TABELLA 2 evidenzia i vari elementi che compongono il kit didattico.

Composizione del kit didattico per la LIM	
Materiale di supporto	Documenti che introducono al percorso tematico, al contesto storico-artistico, alle opere, agli artisti e alle parole chiave del periodo.
Learning Object	Risorsa didattica multimediale e interattiva per la lettura guidata sulla LIM dell'opera d'arte "paradigmatica" del percorso tematico, con possibilità di inserire note e commenti.
Schede operative	Schemi di lavoro per applicare su altre opere d'arte, utilizzando la LIM, la stessa metodologia di analisi seguita all'interno del *Learning Object*.
Esercitazioni	Esercitazioni interattive ed esercitazioni basate su confronti fra opere d'arte, da svolgere sulla LIM.
Project work	Proposte di approfondimento per proseguire l'esplorazione del percorso tematico anche fuori dall'aula, attraverso elaborati individuali/di gruppo e con possibilità di raccogliere nuovo materiale iconografico e fotografico, inseribile nel *repository* didattico della LIM e pubblicabile sul Portale di progetto.

TABELLA 2 – *Gli elementi che compongono il kit didattico per la LIM.*

I kit didattici sono costruiti su una metodologia di analisi dell'opera d'arte basata sui seguenti aspetti:

- i contenuti semantici, formali e stilistici dell'opera;
- il profilo culturale e artistico dell'artista;
- il contesto storico e culturale relativo all'artista, all'opera e ai committenti.

Attraverso il kit didattico, gli studenti acquisiscono le seguenti competenze:

- saper riconoscere le regole della prospettiva nelle opere d'arte;
- saper riconoscere gli elementi guida della rappresentazione dello spazio;
- saper leggere un'opera d'arte, individuando e descrivendo gli elementi fondamentali del linguaggio della comunicazione visiva;
- essere consapevoli del significato espressivo dell'opera.

Il kit didattico è residente sul Portale di progetto, visualizzabile al seguente indirizzo: http://didatticainterattiva.giuntilabs.it/.

Come evidenziato in FIGURA 2, il Portale è organizzato su cinque aree: il progetto, i percorsi tematici, i materiali didattici, la community e la valutazione.

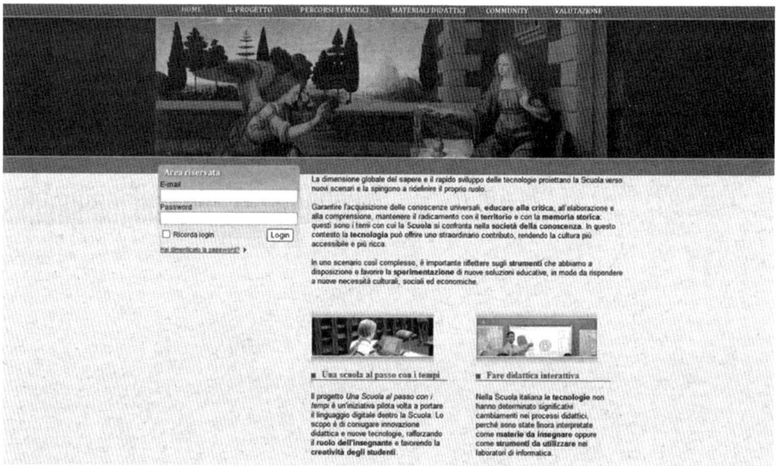

FIGURA 2 – *Il Portale del progetto.*

LE FUNZIONALITÀ OFFERTE DAL KIT DIDATTICO PER LA LIM

Sono di seguito presentate le funzionalità offerte dal kit didattico, prendendo come riferimento il percorso tematico n. 5: *La prospettiva aerea-cromatica.*

Come tutti i percorsi tematici, esso è costituito da un'opera principale (oggetto della lettura guidata, attraverso il *Learning Object* multimediale e interattivo) e da una serie di opere collegate che sono utilizzate nelle schede operative e per le esercitazioni. Nella TABELLA 3 sono indicate le opere che compongono il percorso tematico prescelto.

TABELLA 3 – *Le opere che compongono il percorso tematico* La prospettiva aerea-cromatica.

PERCORSO TEMATICO *LA PROSPETTIVA AEREA-CROMATICA*	
LETTURA DELL'OPERA	*L'ANNUNCIAZIONE* DI LEONARDO DA VINCI.
SCHEDE OPERATIVE	SCHEDA OPERATIVA N. 1: *Allegoria sacra* di Giovanni Bellini. SCHEDA OPERATIVA N. 2: *Il cenacolo* di Leonardo da Vinci.
ESERCITAZIONI	ESERCITAZIONE N. 1: L'uso del colore nell'*Allegoria sacra* di Giovanni Bellini. ESERCITAZIONE N. 2: Colore e prospettiva ne *La vergine delle rocce* di Leonardo da Vinci.
PROJECT WORK	PROPOSTA N. 1: I colori della luce (discipline coinvolte: Disegno, Matematica, Fisica, Chimica). PROPOSTA N. 2: Il valore simbolico del ritratto in Leonardo (discipline coinvolte: Arte, Filosofia, Letteratura, Storia, Anatomia).

La prima videata del *Learning Object* offre una presentazione generale dell'opera (FIG. 3).

LETTURA DELL'OPERA

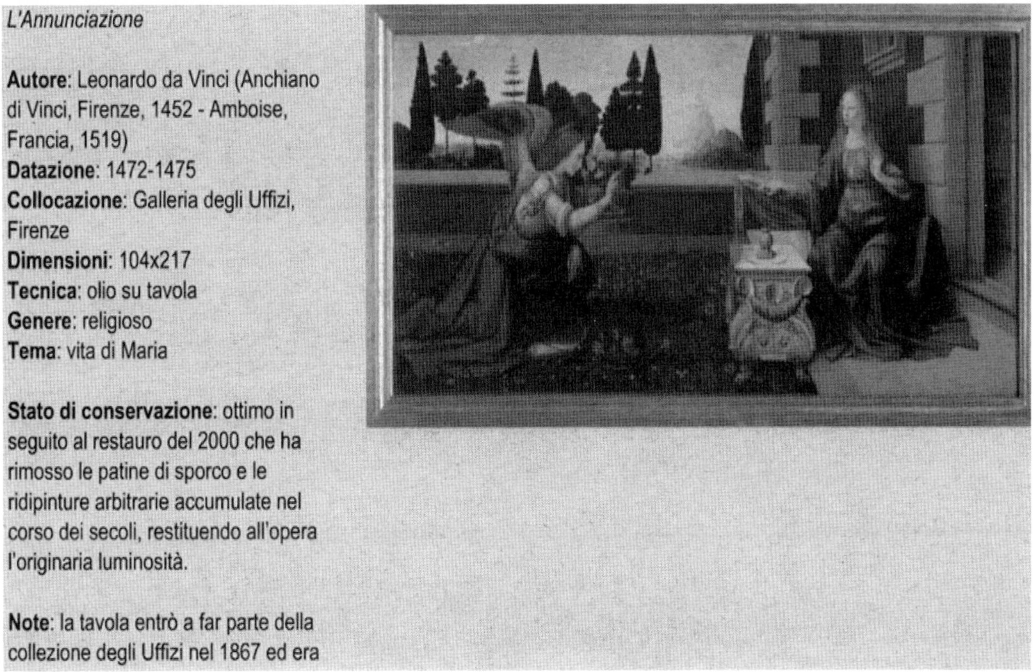

FIGURA 3 – *Presentazione generale dell'opera.*

Proseguendo nella visione, il *Learning Object* mette a disposizione una serie di strumenti (in verticale, a destra dell'immagine), che indicano le "azioni" che il *Learning Object* consente di effettuare sull'immagine e in particolare:

- attivazione del menu di analisi degli aspetti semantici e compositivi (MENU);
- lo zoom sui diversi livelli dell'immagine (primo piano, secondo piano, sfondo, spazio, linee, composizione, colore) (ZOOM);
- la possibilità di richiamare il testo esplicativo associato a ogni livello di analisi (T);
- la possibilità di inserire note e commenti (NOTE);
- la possibilità di impostare vari livelli di trasparenza dell'immagine (ALPHA);
- la funzione di posizionamento dell'immagine nella versione originaria.

FIGURA 4 – *Gli strumenti a disposizione per esplorare l'immagine.*

FIGURA 5 – *L'isolamento dei personaggi e l'inserimento di note sull'immagine.*

Inoltre è presente l'opportunità di visualizzare l'immagine ad altissima risoluzione, per evidenziarne i micro-dettagli (FIG. 4). Selezionando, ad esempio, la voce di menu ASPETTI SEMANTICI-Primo piano-Personaggi e agendo sul livello di trasparenza dell'immagine ALPHA, si riesce a isolare totalmente i personaggi rispetto allo sfondo; attivando inoltre lo strumento NOTE si possono inserire commenti (memorizzabili) sui personaggi in primo piano (FIG. 5).

FIGURA 4

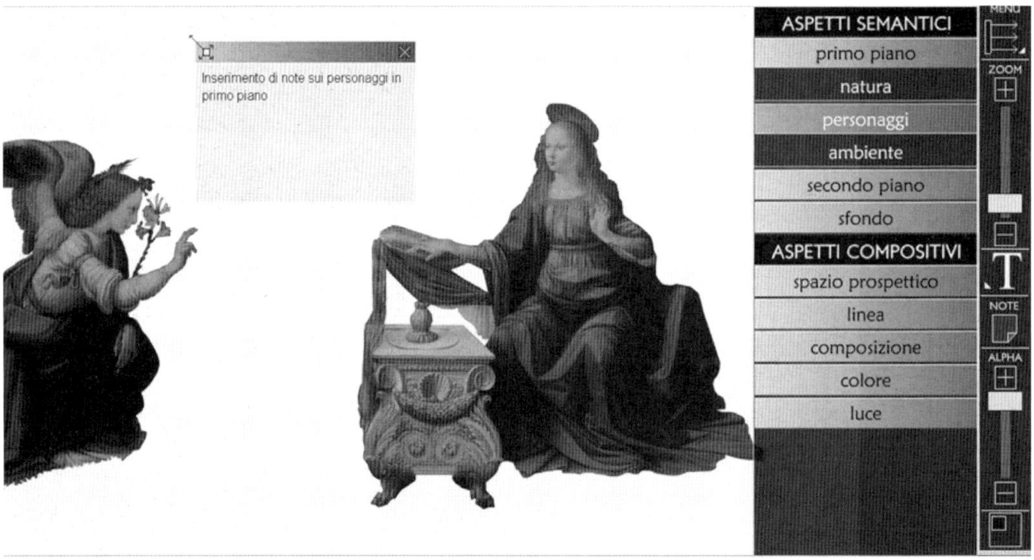

FIGURA 5

A questo punto, dopo aver utilizzato alcune funzionalità del *Learning Object*, l'analisi può ulteriormente proseguire utilizzando le funzionalità della LIM; nella FIGURA 6 si evidenzia come, utilizzando la funzione di "ritaglio" e di scrittura, si può costruire un commento su specifici particolari dell'opera d'arte.
Spostando l'attenzione sugli aspetti compositivi dell'opera, sempre agendo sul menu ASPETTI COMPOSITIVI-spazio prospettico-prospettiva lineare, il *Learning Object* ci offre la visione della prospettiva lineare dell'opera. Da notare che le funzioni di zoom, trasparenza, richiamo del testo e attivazione note sono sempre attive e disponibili su tutte le voci del menu (FIG. 7).

FIGURA 6 – *L'applicazione delle funzionalità della LIM sul* Learning Object.

FIGURA 7 – *La prospettiva lineare dell'opera con commenti inseribili da parte di insegnanti e studenti.*

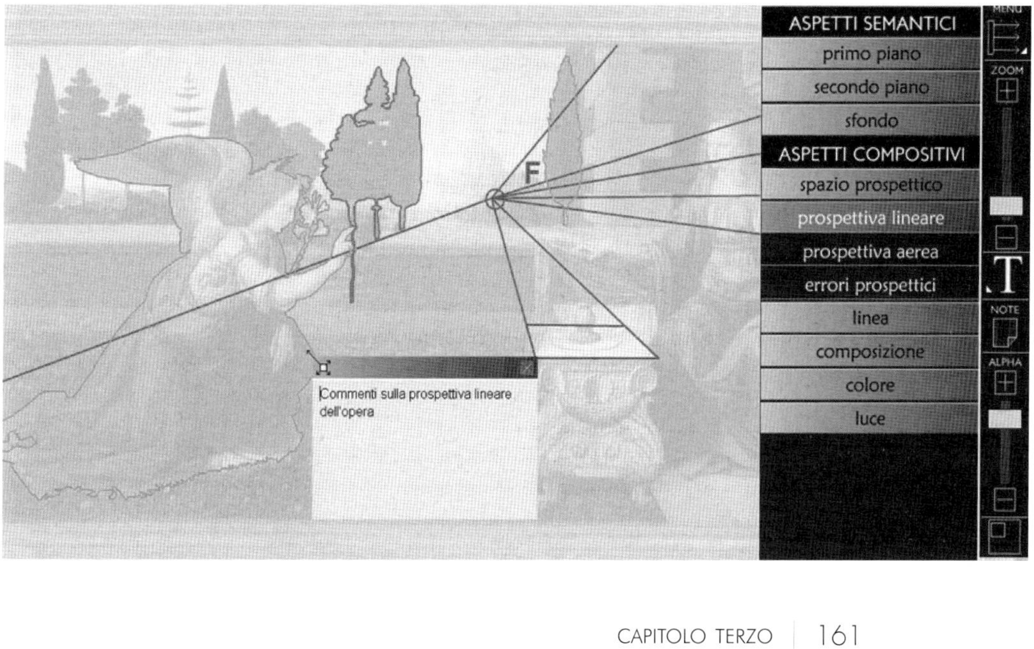

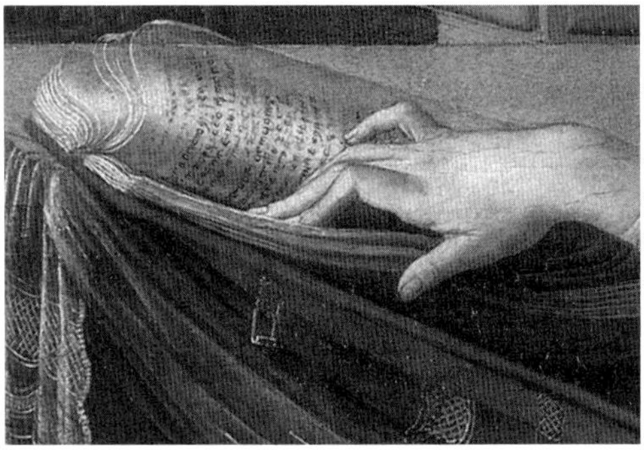

FIGURA 8 – *L'analisi di micro-dettagli dell'opera d'arte grazie all'esplorazione di immagini ad altissima risoluzione.*

Attivando l'opzione di visualizzazione dell'immagine ad altissima risoluzione, si riesce, inoltre, ad apprezzare i micro-dettagli dell'opera, difficilmente acquisibili e valorizzabili in altro modo. La FIGURA 8 testimonia le potenzialità didattiche offerte dalla combinazione degli strumenti interattivi con le immagini ad altissima risoluzione.
La sequenza delle immagini sopra riportate esprimono bene, a nostro avviso, la ricchezza didattica e comunicativa che è possibile raggiungere attraverso l'integrazione tra contenuti multimediali interattivi e la LIM.

SCHEDE OPERATIVE

Le schede operative hanno l'obiettivo di facilitare l'applicazione della metodologia su altre immagini significative, utilizzando le funzionalità della LIM senza il supporto del *Learning Object.*

ESERCITAZIONI

Le esercitazioni che fanno parte del kit didattico sono di due tipi: esercitazioni basate su confronti fra opere d'arte o riflessioni su dettagli delle opere, oppure esercitazioni interattive basate su associazioni e ordinamenti.

CONCLUSIONI

La LIM richiede contenuti digitali coerenti con le sue caratteristiche, in grado di sfruttarne al massimo la sua natura di "tavolo di montaggio e smontaggio" della conoscenza. Occorrono quindi contenuti manipolabili, combinabili ed arricchibili da insegnanti e studenti, all'interno di un processo didattico caratterizzato da una grande ricchezza comunicativa.
Il progetto è, a nostro avviso, anticipatore di una nuova tipologia di contenuti digitali, in grado di valorizzare il ruolo dell'insegnante e andare incontro agli stili di apprendimento delle nuove generazioni.

3.9 Diffondere e rappresentare le buone pratiche

Laura Cortini,
Paola Nencioni,
Silvia Panzavolta

Una buona pratica è situazionale, contestuale, storicamente e culturalmente condizionata. Per essere trasferita deve essere trasformata, adattata, interpretata a seconda del contesto di destinazione. Tale operazione di adattamento, ristrutturazione e trasformazione è molto comune tra i docenti, i quali, di fronte a una propria esperienza positiva di insegnamento, sono portati a ripeterla, sebbene ogni volta, di fronte ad alunni diversi, nessuna esperienza risulti uguale alla precedente.
La rappresentazione e la diffusione tra i docenti di buone pratiche legate all'utilizzo della LIM rappresentano un ottimo stimolo per avvicinarsi all'uso dello strumento e anche per essere più consapevoli delle difficoltà che accompagnano la sua introduzione in classe.
Consultare buone pratiche altrui e documentare le proprie è un'attività che, oltre a essere auspicabile, è resa anche più semplice e accessibile dalla Rete e dalla massiccia presenza, nella nostra vita quotidiana, di tecnologie multimediali di vario tipo (fotocamere digitali, lettori Ipod ecc.).
Per progettare, narrare e trasferire in modo proficuo una buona pratica di insegnamento occorre specificare preliminarmente gli elementi chiave dell'esperienza didattica con la lavagna digitale.
Tali elementi chiave sono riportati nella TABELLA 1.
Valorizzare una buona pratica significa rappresentarla, raccontarla e descriverla in modo efficace.
La Rete offre molta documentazione sull'uso della lavagna, anche se le buone pratiche vengono presentate in modo frammentario, senza far emergere il percorso didattico e quindi senza fornire gli elementi utili

Elementi chiave dell'esperienza con la LIM
• Interazione del docente e degli alunni con la lavagna. • Setting d'uso (area spazio-temporale all'interno della quale avviene l'attività didattica). • Alternanza tra la LIM e altri supporti (tavolette cieche, PC ecc.). • Strumenti tecnologico-didattici a corredo della lezione con la LIM e software impiegati. • Contenuti multimediali e linguaggi multimediali utilizzati. • Ciclo di vita della lezione (progettazione, presentazione contenuti, archiviazione contenuti ecc.). • Valutazione degli apprendimenti e competenze attivate. • Motivazione all'uso.

TABELLA 1 – *Elementi chiave dell'esperienza didattica con la LIM.*

al trasferimento delle stesse. La maggior parte della documentazione è in forma testuale e spesso i documenti descrivono semplicemente l'introduzione delle lavagne nella scuola, senza menzionare le modalità di utilizzo e la metodologia didattica adottata.
La presentazione dell'esperienza appare più convincente se supportata da un video esemplificativo che segua una sceneggiatura definita e che mostri alcuni degli elementi schematizzati nella scheda precedente. Inoltre, un trasferimento efficace dovrebbe mettere in risalto anche i materiali e gli strumenti usati durante le lezioni (immagini, cartine, testi, software didattici, prodotti di simulazioni ecc.).
La documentazione fotografica può supportare quella scritta, ma non sempre è utilizzata in modo da mettere in luce gli aspetti significativi. Se l'immagine è pensata per mettere in evidenza elementi chiave del processo di insegnamento e apprendimento, allora essa restituisce un particolare modo di lavorare in classe con la LIM o mostra un certo modo di collocare la strumentazione, e quindi è usata a vantaggio di chi legge. Altrimenti, rischia solo di generare confusione.
Il video è, invece, un ottimo strumento per documentare un processo dinamico, perché attraverso le riprese sul campo si evidenziano le attività svolte e i comportamenti da esse derivanti. I video, inoltre, consentono di far vedere anche aspetti che il docente potrebbe sottovalutare, ma che possono assumere valore per chi deve analizzare la buona pratica ai fini della sua replicabilità. Tali aspetti potrebbero venire omessi da modalità di descrizione dell'esperienza basate prevalentemente su testi e immagini.
Le videointerviste agli attori coinvolti (docenti e studenti) a prima vista potrebbero sembrare una modalità adeguata per descrivere una buona pratica, tuttavia si rivelano poco significative se non sono corredate da un video che porti in risalto l'esperienza didattica.
Come esempio di quanto andiamo dicendo, ai due seguenti indirizzi si possono consultare delle videointerviste che, a nostro avviso, sono delle testimonianze solo parzialmente efficaci di un trasferimento di buone pratiche:

- http://www.agence-usages-tice.education.fr/temoignages/
- http://www.teachernet.gov.uk/casestudies/index.cfm

Le documentazioni presenti nei due indirizzi Internet descrivono solo in termini generali l'esperienza dei docenti con la LIM, accennando alle loro riserve e paure iniziali e segnalando l'entusiasmo dei ragazzi per il nuovo medium, senza però fornire concreti esempi d'uso o riprese sul campo adeguatamente commentate.

Per i docenti che consultano tali materiali non è facile replicare o quantomeno ispirarsi a tali esperienze.

DUE ESPERIENZE IN RETE

Nelle due schede di seguito riportate, presentiamo, invece, due esperienze sull'uso della LIM, presenti in Rete, meglio documentate e in grado di generare spunti per una eventuale replicabilità.

PRIMARY ICT - WHITEBOARD SCIENCE: ELECTRICITY AND PLANETS

Fonte: Teachers TV (http://www.teachers.tv).
Scuola: Beckley CE Primary school.
Paese: Regno Unito–Beckley.
Livello scolastico: scuola primaria.
Link all'esperienza: http://www.teachers.tv/video/13828
Disciplina: scienze.
Metodologia di lavoro: lezione frontale e attività di gruppo.
Tipologia di documentazione: video supportato da una scheda con risorse, commenti degli utenti registrati al sito, indice di gradimento dell'esperienza.
Setting: aula con lavagna collocata in parete al centro della stanza.
Abstract: L'insegnante propone una lezione frontale e offre molti spunti di riflessione agli alunni ponendo domande e invitando a trovare una soluzione individuale e di gruppo. La lavagna è utile per simulare la posizione dei pianeti rispetto alla Terra e al Sole. Una delle domande per gli alunni è collocare i pianeti nella giusta posizione e calcolare alcune distanze tra i pianeti.
Oltre al video che presenta l'esperienza, è possibile scaricare un *lesson plan* (traccia della lezione)

LES FRUITS

Fonte: Educnet (http://160.92.130.159/default.htm).
Scuola: École maternelle Victor Hugo-Saint-Ouen (Seine-Saint-Denis).
Paese: Francia.
Titolo: Les fruits.
Livello scolastico: scuola materna.
Link all'esperienza: http://160.92.130.159/tv/usages/Primaire_Fruits.htm
Metodologia di lavoro: individuale, collettivo, di gruppo.
Tipologia di documentazione: video.
Setting: aula multimediale, lavagna collocata al centro della stanza. I bambini siedono in cerchio intorno al grande schermo e interagiscono con la lavagna a mezzo della penna elettronica.
Abstract: Il docente presenta alla classe il contenuto della lezione. Servendosi della LIM chiama a turno i bambini alla lavagna, suggerendo un compito e guidando l'alunno nel caso si trovi in difficoltà. I compagni osservano il compito e, se l'alunno non è in grado di svolgerlo, possono aiutarlo e suggerire. Successivamente, il docente divide la classe in tre gruppi, secondo tre modalità: un primo gruppo lavora al PC, individualmente o a coppie (a seconda della disponibilità dei PC), il secondo gruppo viene lasciato libero di allenarsi davanti alla LIM e di ripetere gli esercizi, mentre il terzo gruppo ha lo stesso compito degli altri due, ma lavora su carta. Una volta tornati in classe, i bambini possono continuare a esercitarsi grazie ai PC che hanno a disposizione in aula.

FONTI NAZIONALI E INTERNAZIONALI

Per completare la nostra descrizione, riportiamo di seguito alcune fonti, nazionali e internazionali, che sono disponibili in Rete e che presentano esperienze e spunti sull'uso della LIM.

Agenzia nazionale per l'uso dell'ICT (Francia)
L'*Agence nazionale des Usages des TICE* rivolge i suoi servizi a insegnanti, genitori, allievi, dirigenti scolastici ecc. La documentazione delle esperienze è proposta attraverso videointerviste.
(http://www.usages-tice.cndp.fr/accueil.asp)

Teachertube
Piattaforma di condivisione per documentazione didattica in formato video.
(http://www.teachertube.com/)

Becta
La *British Educational Communications and Technology Agency* (Becta) è un'agenzia governativa della Gran Bretagna che supporta il Governo nello sviluppo delle tecnologie dell'informazione e della comunicazione (ICT) nella scuola e nella formazione professionale. Nel sito web, Becta offre consigli ed esempi di buone pratiche per aiutare gli insegnanti a integrare le ICT nel processo di insegnamento.
(http://www.becta.org.uk/)

Teachers.tv
È un canale televisivo e un sito web per la scuola.
(http://www.teachers.tv/)

LE ESPERIENZE ITALIANE ON LINE

Esperienze internazionali segnalate da USR Lombardia
http://serverscuola.cefriel.it:8080/reti-scolastiche/homepage/

Progetto "Scuola digitale – Lombardia"
http://serverscuola.cefriel.it:8080/reti-scolastiche/lim_exp/

Gold - Le migliori pratiche della scuola italiana
http://gold.indire.it/nazionale/
http://gold.indire.it/nuovo/esperienze/show.php?ObjectID=BDPGOLD 00000000002052B8

Convegno Scuola 8.0 – 16/17 Bologna maggio 2007
http://scuola8.scuole.bo.it/)

Gold – Le migliori pratiche della scuola italiana, http://gold.indire.it/nazionale (consultato il 18 settembre 2008).
Progetto *School Suite*: http://provvbo.scuole.bo.it/servizitecnici/lavagne.
Rassegna *Scuola 8.0*: http://scuola8.scuole.bo.it.
Scuola Digitale – Lombardia, http://scuoladigitale.cefriel.it (consultato il 19 settembre 2008).
Scuola 8.0 Lavagne Interattive Multimediali per la Didattica, http://scuola8.scuole.bo.it (consultato il 19 settembre 2008).
SLIM4DIDA *Supporto all'introduzione di Lavagne Interattive Multimediali per la DIDAttica*, http://latemar.science.unitn.it/wiki_lavagne/index.php/SLIM4DIDA (consultato il 19 settembre 2008).

Capitolo 4
Progetti nazionali e internazionali

«Download della risposta. Tempo rimanente stimato: 04:14».

Introduzione

La lavagna digitale è una tecnologia in uso già da qualche anno in alcuni paesi extra-europei ed europei, grazie a precisi indirizzi di politica educativa e a specifici piani nazionali di sviluppo delle tecnologie didattiche.

Questo capitolo offre una panoramica sui livelli e le modalità di adozione della LIM in alcuni grandi paesi e descrive alcuni progetti, nazionali e internazionali, all'interno dei quali la lavagna digitale ha svolto un ruolo significativo.

4.1 La lavagna digitale nel progetto *DiGi Scuola*

Tania Iommi

Nel 2005 il Ministero dell'Istruzione, dell'Università e della Ricerca dà il via al primo progetto nazionale di sperimentazione che prevede anche la LIM fra le strumentazioni da inserire in aula. Il piano, denominato *@pprendere Digitale,* è diretto alle classi prime di 150 scuole secondarie di primo grado, suddivise in quattro regioni (Lazio, Lombardia, Puglia, Toscana), e riguarda le discipline di italiano (competenze linguistiche), matematica e scienze.
In questo progetto, tuttavia, la LIM viene considerata esclusivamente come infrastruttura tecnologica, al pari di un PC o di una stampante: è infatti menzionata solo nei documenti che riguardano le dotazioni strumentali, mentre non se ne fa cenno laddove si esplicitano le finalità di trasformazione didattica e culturale. Qui sono indicati, quali fattori di personalizzazione del percorso educativo, l'ambiente di apprendimento on line e i *Learning Object*, ovvero gli oggetti digitali per l'apprendimento.
Nel 2006, il progetto *DiGi Scuola* segna un passo ulteriore nelle politiche italiane di rinnovamento del sistema scolastico. La centralità nel processo di formazione viene qui riassegnata ai veri protagonisti del mondo della scuola (docenti e studenti), e le risorse tecnologiche (tra cui la LIM) sono intese come punto di incontro tra l'esperienza del docente e il linguaggio digitale dello studente.
Finanziato dal Comitato Interministeriale per la Programmazione Economica (CIPE) e promosso dal Ministero per le Riforme e l'Innovazione nella Pubblica Amministrazione in collaborazione con il Ministero della Pubblica Istruzione, *DiGiScuola* ha interessato, dall'anno scolastico 2006-2007, oltre 550 scuole secondarie di secondo grado di Abruzzo, Basilicata, Calabria, Campania, Molise, Puglia, Sardegna e Sicilia, per un totale di circa 35.000 studenti e 3.300 insegnanti di italiano e matematica[1].
A ogni scuola è stata assegnata una dotazione tecnologica composta da sei PC portatili (per i docenti), tre videoproiettori e tre lavagne interattive, ed è stato garantito l'accesso alla piattaforma *DiGiScuola*, comprendente un ambiente di lavoro per gli studenti e un *marketplace* per la vendita dei Contenuti Didattici Digitali (CDD) prodotti dagli editori aderenti all'iniziativa.
L'Agenzia Nazionale per lo Sviluppo dell'Autonomia Scolastica è

---

[1] Il progetto *DiGiScuola*, concluso formalmente a luglio 2008, prosegue oggi, anche se con una diversa impostazione, con il progetto *Innovascuola* (http://www.innovascuola.gov.it/).

responsabile della gestione del piano di formazione: in una prima fase i docenti, guidati da un tutor all'interno di un ambiente on line, vengono indirizzati verso un uso critico e consapevole dei contenuti digitali e delle dotazioni d'aula e verso l'acquisizione delle competenze necessarie a realizzare nuovi contenuti digitali; nella seconda fase sperimentano un percorso didattico in cui le nuove tecnologie e i contenuti digitali messi a disposizione nel *marketplace DiGiScuola* risultano funzionali al raggiungimento di specifici obiettivi di apprendimento. Non ci si limita, pertanto, a un addestramento all'uso della LIM, ma se ne accompagna la diffusione nelle aule con misure volte a favorirne l'effettiva integrazione all'interno della normale programmazione didattica.

LE TESTIMONIANZE DEI DOCENTI

È interessante ripercorrere l'esperienza dei docenti coinvolti nella sperimentazione attraverso le testimonianze lasciate nei forum dell'ambiente di formazione predisposto dall'Agenzia Nazionale per lo Sviluppo dell'Autonomia Scolastica[2].

I primi ostacoli sono stati di natura strettamente pratica: dove collocare la LIM? come aggirare alcuni inconvenienti che ne disturbano l'impiego durante la lezione?

La scelta della collocazione è stata condizionata da preoccupazioni sulla sicurezza, che hanno spinto molte scuole a installare la lavagna nei laboratori, consentendo solo un uso sporadico in classe, con tutti i disagi e le perdite di tempo conseguenti. I timori, spesso, si sono dimostrati infondati e la scelta di responsabilizzare i ragazzi è risultata in alcuni casi decisiva:

«Il Dirigente Scolastico ha preteso che gli stessi alunni fossero custodi del materiale loro assegnato per partecipare al progetto *DiGiScuola*. Posso affermare che gli studenti sono stati molto diligenti e responsabili. Il materiale loro affidato, dopo cinque mesi, non presenta il minimo graffio o segno di penna»[3].

Una complicazione ulteriore è dipesa dal tipo di LIM in dotazione. Il modello senza proiettore integrato, ovvero con il proiettore a parte posizionato davanti la lavagna, richiede infatti attenzione per non creare ombre sullo schermo durante l'uso, e costringe a continui riallineamenti tra proiettore e LIM. La collocazione otti-

[2] Le citazioni sono tratte dai forum di discussione dell'ambiente di formazione *PuntoEdu DiGiscuola* (http://puntoedu.indire.it/corsi/docenti/index.phptabSx=conclusi&id_cnt=3000). La formazione, attivata per l'anno scolastico 2006-2007 per le scuole partecipanti al progetto, è conclusa e i forum non sono accessibili alla consultazione.

[3] Digiscuola > Forum tematici > Il potenziamento della didattica frontale con l'uso della lavagna digitale (Moderato da Palmira Ronchi) > La lavagna interattiva, Restio all'utilizzo in aula, 18 maggio 2007.

male per ovviare a tali inconvenienti è risultata quella con la lavagna installata a muro e il videoproiettore fissato al soffitto: molte scuole hanno infatti adottato questa soluzione autonomamente. Altri insegnanti si sono invece fatti portavoce delle difficoltà riscontrate dagli studenti, derivanti da fastidiosi riflessi e dalle dimensioni ridotte della lavagna, che riducono la visibilità dei contenuti. Anche in questo caso sono stati spesso sufficienti piccoli accorgimenti, quali l'impostazione dello schermo su un colore scuro, in contrasto col colore chiaro dei caratteri e l'oscuramento con le tende dell'aula.

LA CONDIVISIONE DELLE ESPERIENZE

Tra gli insegnanti, si è diffusa la preoccupazione di non essere adeguatamente preparati al buon uso dello strumento: i docenti hanno deciso spontaneamente di "fare gruppo", condividendo tra loro le prime esperienze e talvolta sperimentando e apprendendo con gli stessi studenti:
«Noi ci siamo organizzati così:
- richiesta alla segreteria di tenere aperta la scuola nelle ore pomeridiane;
- presenza di collega più esperto o di tecnico di laboratorio per imparare come montare l'insieme;
- cominciare a utilizzare tra di noi la lavagna, con simulazioni varie;
- collocazione della lavagna in classe e non in laboratorio;
- primi esperimenti con gli alunni, partendo dalle attività più semplici di visualizzazione, sottolineatura, presentazioni e software già pronto;
- successive attività di creazione di lezioni, mappe ecc.»[4].

E ancora:
«Oggi, tra tante incertezze e perplessità, i miei alunni hanno fatto conoscenza con la LIM! Abbiamo vissuto l'esperienza insieme, anche per me è stato il primo incontro diretto! Abbiamo, uno alla volta, provato a scrivere qualche cosa, a risolvere degli esercizi, a salvare i fogli di lavoro, ad apportare modifiche».[5]

---

[4] Digiscuola > Forum tematici > Il potenziamento della didattica frontale con l'uso della lavagna digitale (Moderato da Daniele Barca) > La lavagna a un mese dalla fine dell'anno!, Difficoltà, 6 aprile 2007.

[5] Digiscuola > Forum tematici > Il potenziamento della didattica frontale con l'uso della lavagna digitale (Moderato da Palmira Ronchi) > La lavagna interattiva, Restio all'utilizzo in aula, 21 aprile 2007.

Superata la fase di familiarizzazione, i docenti hanno cominciato a impiegare la LIM per la presentazione dei materiali didattici e a supporto della lezione frontale:

«Anch'io ho realizzato alcuni prodotti multimediali che sono stati indispensabili nel corso degli anni, come supporto alla lezione frontale. Purtroppo ero costretta a presentare i lavori nel laboratorio informatico (per fortuna in rete), senza alcuna possibilità di verificare immediatamente quanto era stato recepito dagli alunni. [...] La LIM era proprio quello che mancava alla realizzazione completa di quello che avevo sempre desiderato per potenziare il mio insegnamento»[6].
Tra le funzioni più apprezzate troviamo l'opportunità di registrare la lezione e riproporre il materiale quando serve:
«Mi è sembrato utilissima la possibilità di salvare i lavori creati e di richiamarli all'attenzione degli allievi in qualsiasi momento (recupero, ripasso e perché no verifica)[7]».
L'impatto sui ragazzi è stato globalmente positivo, si sono registrati un aumento dell'attenzione e del coinvolgimento e un rinnovato interesse per materie tradizionalmente ostiche come la matematica, che sono risultate più accessibili grazie alla possibilità di rappresentare i concetti in modo meno astratto:
«Purtroppo mi trovo a dover lavorare con alunni che incontrano grosse difficoltà con la matematica [...]. Ma, un giorno, si è verificato un piccolo miracolo: ho portato in classe un computer, un videoproiettore e una lavagna interattiva, qualche minuto per metterli a posto e già il loro sguardo distratto si è cominciato a illuminare; ho iniziato a fare una lezione utilizzando *Geogebra*[8] e... tutti sono voluti intervenire per interagire con la lavagna, anche i meno motivati. È solo un piccolo esempio con un grande significato: penso che se opportunamente motivati e stimolati è possibile riaccendere l'entusiasmo e solleticare la curiosità dei nostri alunni»[9].

---

[6] Digiscuola > Forum tematici > Il potenziamento della didattica frontale con l'uso della lavagna digitale (Moderato da Patrizia Vayola) > Uno spunto per progettare, si apprende meglio con le immagini, 22 maggio 2007.

[7] Digiscuola > Forum tematici > Il potenziamento della didattica frontale con l'uso della lavagna digitale > La Lavagna Digitale nell'ora di matematica, Raccolta di esperienze in classe, 30 marzo 2007.

[8] Software libero e multi-piattaforma di matematica dinamica per la didattica, che comprende geometria, algebra e analisi (http://www.geogebra.org).

[9] Digiscuola > Forum tematici > Il potenziamento della didattica frontale con l'uso della lavagna digitale > La Lavagna Digitale nell'ora di matematica, Raccolta di esperienze in classe, 15 aprile 2007. Pier Cesare Rivoltella, Simona Ferrari, Andrea Garavaglia, Gloria Sinini, *Attività di monitoraggio - DiGiScuola 2006-2007. Report Finale,* dicembre 2007.

Percorsi didattici e LIM: i dati del monitoraggio

Durante il periodo di formazione i docenti hanno ideato dei percorsi didattici da sperimentare in aula.
Sulla base dei risultati dell'indagine affidata dall'Agenzia Nazionale per lo Sviluppo dell'Autonomia Scolastica al gruppo di ricerca del CREMIT (Centro di Ricerca sull'Educazione ai Media, all'Informazione e alla Tecnologia) dell'Università Cattolica di Milano, la maggior parte delle proposte didattiche (86%) prevede un utilizzo collaborativo della LIM tra studenti e docenti.
In particolare il 74% propone un impiego a supporto della produzione in classe, il 45% la utilizza per la navigazione in rete e il 40% per l'uso di software specifici; minore invece il ricorso alla LIM per la proiezione dei CDD acquistati nel marketplace DiGiScuola (32%).
Il 17,24% delle attività progettate comporta dei richiami a tali contenuti e il 15,56% all'aula virtuale, mentre più frequentemente si prevede un'attuazione contestualmente alle lezioni (32%).
Da un'ulteriore analisi effettuata dall'Agenzia Nazionale per lo Sviluppo dell'Autonomia Scolastica su un campione di 74 progetti, emerge che la LIM viene proposta principalmente come mezzo per la visualizzazione e l'utilizzo di software didattici e per la produzione di contenuti in classe, attraverso dinamiche di partecipazione attiva degli studenti. In altri casi, la scelta di acquistare un contenuto totalmente "pre-confezionato" appare correlata a una modalità didattica di tipo trasmissivo, nella quale gli allievi rivestono il ruolo di fruitori passivi di contenuti.

Nell'Anno scolastico 2007-2008 gli insegnanti hanno cominciato a trarre i primi bilanci dell'esperienza svolta. Si è evidenziata nei forum la volontà di allargare l'uso dello strumento anche al di là del progetto *DiGi Scuola*, integrandolo nella didattica quotidiana e condividendo le proprie esperienze con i colleghi:

«La registrazione della lezione ha prodotto per noi docenti un'economia di tempo e per ogni alunno la visione generale del proprio percorso di apprendimento disciplinare. Ha reso, così, ognuno responsabile delle proprie affermazioni e dei propri limiti da migliorare. Si è registrato inoltre aumento dell'autostima, della fiducia e della sicurezza nelle proprie capacità. I ragazzi nell'utilizzo della LIM non hanno dimostrato alcuna difficoltà»[10]. «È bene pensare di usare la LIM non solo per il *DiGi Scuola*, mi piacerebbe preparare del materiale per qualche unità didattica di storia per la quinta del prossimo anno»[11].

[10] Digiscuola Coaching > Forum Caffè > la LIM?...non solo per il DIGI..., usiamo la LIM per diverse attività, 8 aprile 2008.
[11] Digiscuola Coaching > Forum Caffè > Lavagna interattiva, Uso in classe della lavagna, 12 maggio 2008.

«Credo che la fase successiva dovrebbe essere quella di far in modo che la LIM sia utilizzata dal maggior numero di colleghi possibile, per evitare che diventi una delle tante risorse scolastiche non utilizzate»[12].

Rimane da indagare quale possa essere l'effettiva ricaduta dell'uso della lavagna sugli apprendimenti e sul rendimento degli studenti. Su questo, facciamo nostre le considerazioni del Prof. Di Cataldo, nel forum da lui moderato, in una discussione relativa ai primi risultati del progetto:

«La percezione dei docenti per ora si limita al riconoscimento di una crescita motivazionale degli studenti. [...] I progetti attivati registrano in generale una crescita della qualità didattica.

Il problema è dare continuità a queste metodologie "digitali" perché, in tempi lunghi, si possano registrare risultati significativi anche sul terreno degli apprendimenti effettivi».

[12] Digiscuola Coaching > Forum Caffè > Applicazione della Lim, 15 maggio 2008.

4.2 La lavagna digitale nel progetto *eTwinning**

Silvia Dell'Acqua

L'innovazione è uno degli obiettivi primari dell'Unione europea. Alle Tecnologie dell'Informazione e della Comunicazione (TIC) è attribuito un ruolo importante nella persecuzione di questo obiettivo, come testimoniano gli interventi volti alla sua diffusione che, da alcuni anni, si succedono senza soluzione di continuità. In ambito educativo, le nuove tecnologie assumono una funzione strategica per la costruzione e la condivisione della conoscenza. Per mezzo delle TIC, infatti, l'apprendimento può avvalersi di molte risorse informative e di strumenti di elaborazione. Esse possono essere il mezzo attraverso cui comunicare e collaborare a dispetto delle distanze, per ampliare il contesto della formazione, aprirsi allo scambio di idee ed esperienze.

L'azione *eTwinning*

eTwinning, nata nel 2004 come Azione del Programma *eLearning* e ora parte del progetto Comenius, ha la finalità di sviluppare una rete di "collaborazione tra scuole europee" per mezzo delle TIC. Attraverso la formula del gemellaggio elettronico, infatti, *eTwinning* mette in contatto scuole di paesi diversi che intendono lavorare su un progetto didattico comune e supporta la collaborazione tra le scuole partner con strumenti di comunicazione che sono accessibili dal sito web http://www.etwinning.net. Il portale, tradotto nelle ventitré lingue comunitarie, informa in tempo reale gli insegnanti di ogni Stato membro sugli eventi legati a *eTwinning* e dà accesso al loro spazio di lavoro – *eTwinning Desktop* – creato ad hoc per ogni gemellaggio elettronico: qui le scuole possono inserire il proprio profilo, pubblicare una "scheda delle attività" e utilizzare alcuni strumenti per comunicare e lavorare in rete.
Nel contesto di *eTwinning* la Lavagna Interattiva Multimediale potrà svolgere e sta già svolgendo un ruolo importante, non solo

---

* Si ringraziano Ton Boekhoorn e Ruth Royce, senza la cui disponibilità non sarebbe stato possibile realizzare questo contributo. Le foto ritraggono gli studenti del Veluws College Mheenpark di Apeldoorn durante le lezioni *eTwinning*.
In proposito vedi eEurope2005 (http://europa.eu/scadplus/leg/it/lvb/l24226.htm) e i2010 Initiative (http://ec.europa.eu/information_society/eeurope/i2010/index_en.htm), consultato il 15 settembre 2008.

per innovare il modo di fare lezione, ma anche per valorizzare la dimensione europea dell'insegnamento.
Il gemellaggio "alla lavagna" può offrire nuovi strumenti e contesti alla collaborazione. La LIM permette alle classi di "fare lezione insieme" a distanza, ma in tempo reale, utilizzando una superficie di lavoro condivisa.

MOLTE CLASSI, UNA SOLA LAVAGNA: LA LEZIONE A DISTANZA CON LA LIM

Collegandosi in Rete si possono trasformare due o più LIM presenti in aule scolastiche diverse in "una sola lavagna": il luogo virtuale di incontro e di lavoro di una classe "allargata". Con questa modalità di lavoro i contenuti sulla LIM di una scuola italiana possono essere simultaneamente visualizzati, ma anche annotati ed editati, su tutte le LIM dei partner stranieri che in quel momento partecipano alla sessione di collegamento, in altre parole "alla lezione". Ciò permette a tutte le classi gemellate di essere coinvolte, ad esempio, nella scrittura di un testo in modo collaborativo, oppure nella visione di un documento o ancora di interagire su uno stesso software.
Per realizzare questa modalità di lavoro occorre che tutte le classi che partecipano siano equipaggiate di LIM e connesse alla Rete. Occorre avvalersi, inoltre, di programmi per creare un'area di lavoro comune: ne esistono di specifici per la condivisione di LIM, ma per i collegamenti più semplici si può ricorrere alle lavagne virtuali di programmi per la messaggistica istantanea come Skype.
Aggiungendo un microfono o una webcam è possibile parlare e vedersi durante il collegamento. Ciò aiuta a creare un maggiore senso di "presenza" e partecipazione alla lezione: non è proprio come essere "a casa" della scuola gemellata, ma attraverso il video e la parola, la comunicazione diventa molto "ricca".

In collegamento, la LIM mantiene tutte le funzionalità che si hanno nel lavoro off line. La LIM aiuta a sviluppare una didattica multimediale delle materie scolastiche: in pochi secondi si può passare da un video a un testo scritto, a delle immagini. La possibilità di accedere a una grande varietà di materiali in Internet si presta a uno sviluppo reticolare degli apprendimenti e offre spunti all'interdisciplinarità: a fianco delle risorse didattiche di taglio disciplinare, infatti, si possono integrare documenti, articoli di attualità, fotografie, testi d'uso quotidiano che spesso contengono riferimenti a più di una materia o di un argomento trattato a scuola.

LE ESPERIENZE DI DUE INSEGNANTI

Alcuni gemellaggi *eTwinning* hanno già adottato questa modalità di lavoro. Riportiamo qui l'esperienza di due insegnanti che, rispettivamente in Gran Bretagna e in Olanda, utilizzano la LIM nel loro progetto *eTwinning*: Ruth Royce, insegnante elementare alla "Kirk Fenton Primary School" nello Yorkshire con la sua classe di quindici

bambini di 7 anni, e Ton Boekhoorn, insegnante di inglese del "Veluws College Mheenpark" con i suoi studenti di 10 anni (FIG. 1).
Ruth e Ton hanno accettato di ripercorrere insieme a noi il loro quotidiano percorso pedagogico con la LIM: suggerimenti, consigli pratici, valutazioni, esempi, derivano esclusivamente dalla loro esperienza in classe.
Ruth ha utilizzato la LIM per un progetto di educazione ambientale, mentre Ton l'ha impiegata nella didattica della lingua inglese. Entrambi gli insegnanti hanno scelto di utilizzare la LIM dapprima per esplorare e sperimentare un nuovo strumento tecnologico, e in un secondo momento perché hanno scoperto che la LIM ben si adatta alla logica di *eTwinning*: "usare le nuove tecnologie per il loro risvolto pedagogico e collaborativo, in senso multimediale".

FIGURA 1 – *Studenti del Veluws College Mheenpark di Apeldoorn durante le lezioni* eTwinning.

Nel suo progetto sulla *Creatività della lingua inglese*, Ton ha realizzato alcuni collegamenti con una classe greca della durata di 30-40 minuti ciascuno, durante i quali ha condotto lezioni di grammatica inglese. Nel corso di questi collegamenti ha reiterato uno schema ricorrente. A casa ha selezionato alcuni siti con risorse interattive e video di interesse per la lezione, ad esempio per mostrare l'uso del "Simple Past" e "Present Perfect". In classe, durante il collegamento, ha mostrato queste risorse agli alunni, chiedendo loro di spiegare quanto visto, rivolgendo loro domande in inglese e invitandoli a commentare. Ton ha annotato sulla LIM quanto detto dai ragazzi. Successivamente, gli alunni sono stati chiamati, a turno, alla LIM per un esercizio di grammatica, ad esempio riconoscere "Simple Present" e "Present Perfect" in alcune frasi, utilizzando colori diversi per distinguerli. I compagni, dal banco, sono stati invitati a commentare e, a turno, a scrivere alla lavagna la "regola grammaticale". Infine, navigando su risorse selezionate on line, gli alunni hanno confrontato la loro elaborazione con una definizione esatta e convenzionale delle regola (ad esempio, utilizzando un sito web come http://www.englishpage.com).
Applicando questo schema, Ton ha cercato di stimolare l'interazione e il confronto tra gli alunni e ha concepito la classe non più come il regno dell'insegnante, ma come un'assemblea in cui l'insegnante è *primus inter pares* (FIG. 2).
La classe olandese e quella greca, attraverso la LIM, hanno potuto condividere questa lezione e lavorare sullo stesso testo: gli uni dall'Olanda, gli altri dalla Grecia. «Io, insegnante olandese,» afferma Ton, «in accordo

FIGURA 2 – *Un altro momento della lezione di* eTwinning *con gli studenti Studenti del Veluws College Mheenpark di Apeldoorn.*

con l'insegnante *eTwinning* greco, posso spiegare, assegnare esercizi e dare feedback agli studenti della classe partner. I miei studenti possono lavorare in gruppo con gli studenti greci, sperimentando la *peer to peer education*, l'educazione tra pari, in una dimensione europea. Per i nostri studenti, poi, è interessante anche solo vedere come è fatta una classe greca e sapere che stanno seguendo un programma simile al nostro: in questo modo hanno una concreta dimostrazione di quello che vuol dire far parte dell'Unione europea, innescando un meccanismo che fino a oggi si è rivelato virtuoso».
Nell'esperienza di Ruth il gemellaggio elettronico ha richiesto un ripensamento nell'allestimento dello spazio-classe. Per agevolare lo sviluppo dell'interazione e della collaborazione durante il collegamento, Ruth ha creato un "tappeto per i bambini" in cui sono stati disegnati i posti contraddistinti da colori diversi – rossi, gialli e blu – a seconda delle attività che essi devono svolgere. Prima dell'inizio della lezione *eTwinning* con la LIM, Ruth era solita annunciare ai propri alunni quali attività li avrebbero visti protagonisti quel giorno. I bambini, prima di iniziare, erano invitati a prendere posto sul tappeto in funzione delle diverse attività: sui cerchi rossi per le attività di gruppo, sui cerchi gialli per le attività individuali, sui cerchi blu per le attività a coppie. I bambini hanno imparato velocemente a muoversi sul "tappeto".
Sia Ruth che Ton concordano nell'individuare alcuni effetti positivi dell'uso della LIM nel gemellaggio elettronico:

- la lezione e gli esercizi possono essere preparati a casa dall'insegnante prima di entrare in classe, anziché scritti alla lavagna all'inizio di ogni lezione. Ciò permette di risparmiare tempo e di dedicarsi di più alla comunicazione con gli studenti, sia in presenza che a distanza;
- sulla LIM non c'è limite al numero di pagine che si possono scrivere e l'adattabilità a ogni materia è garantita: matematica, italiano, inglese, disegno, arte, scienze, tutte le materie possono "passare per la LIM";
- l'interattività stimola gli studenti, li invoglia a partecipare e, conseguentemente, crea un interesse più vivo durante la lezione;
- la LIM permette di fare lezione in uno spazio di lavoro che consente interazioni in tempo reale. Concretamente, le classi possono lavorare insieme sul medesimo argomento, che servirà loro per sviluppare il progetto *eTwinning*.

Entrambi gli insegnanti sostengono che, a oggi, se usata in modo completo e per le sue potenzialità, la LIM ha ricadute positive sulla didattica: la multimedialità della LIM ben si coniuga con l'esigenza sempre più forte di interdisciplinarità, richiesta sia dagli studenti che dalle indicazioni europee in materia di istruzione. Nel gemellaggio *eTwinning* la LIM facilita il coinvolgimento su diverse discipline e stimola la collaborazione tra studenti di diversa nazionalità, offrendo una positiva risposta alle esigenze di ogni attore (studente, insegnante, scuola, istituzioni).

Il gemellaggio alla lavagna: alcuni consigli

La creazione di una "classe virtuale" per il progetto *eTwinning* richiede qualche accorgimento nell'allestimento degli spazi di lavoro, fisici e digitali. Ecco alcuni spunti tratti dall'esperienza di Ruth e Ton:

- L'illuminazione delle aule è importante: se si devono mostrare video meglio chiudere le tende.
- È consigliabile alternare la LIM (20 minuti) ad altre modalità di lavoro.
- La LIM non deve essere utilizzata come un televisore: è uno strumento attivo, che dà e risponde a input e serve a potenziare la comunicazione.
- È utile, durante il collegamento, avere sempre accanto a sé una lavagna tradizionale o a fogli mobili (per scrivere il piano di lavoro della lezione o per annotare velocemente le parole chiave e le idee che emergono durante la lezione).
- La collaborazione è più efficace quando si invitano gli alunni a usare la LIM: i bambini apprezzano molto il coinvolgimento diretto.
- È opportuno stabilire compiti precisi per coppie o piccoli gruppi, direttamente dalla LIM.
- È opportuno usare anche un canale di comunicazione per l'audio.
- Attraverso la LIM si possono far lavorare i propri studenti e i partner europei sugli stessi esercizi, sia in modo sincrono sia confrontando i risultati alla fine. Così facendo non c'è grande spazio per l'improvvisazione ed è quindi importante che gli insegnanti abbiano pre-determinato una scaletta precisa da seguire. Alla fine della sessione di collegamento come valorizzare le attività che si sono svolte?
  - Salvare quanto fatto a lezione. Sarà così possibile riprendere, la volta successiva, da dove si è interrotto oppure approfondire, in un secondo momento, una tematica che era stata solo accennata. La LIM è pensata per il lungo periodo.

– Si può verificare immediatamente il livello di conoscenze acquisito da parte degli studenti che hanno seguito la lezione.
– Si possono assegnare compiti e dare successive scadenze, usando il calendario virtuale.

È importante, infine, condividere con i partner europei i risultati perseguiti. È fondamentale stilare un bilancio degli obiettivi raggiunti e delle dinamiche di apprendimento che hanno caratterizzato la lezione, in modo da accrescere la consapevolezza di quello che si è raggiunto e dell'importanza del lavoro che si è svolto.

4.3 Uno sguardo alle esperienze internazionali

Donata Baroni,
Francesca Storai

In anni recenti (2000-2007) la Lavagna Interattiva Multimediale è stata integrata nel curricolo scolastico di alcuni paesi europei ed extra europei attraverso iniziative di politica educativa. Uno sguardo d'insieme ai progetti e alle esperienze che hanno promosso la diffusione della LIM in ambito scolastico si rivela un utile strumento per mettere a fuoco i fattori chiave di queste iniziative e analizzare l'impatto che esse hanno esercitato sulla dimensione organizzativa ed educativa dei contesti scolastici di riferimento.
I principali elementi caratterizzanti i progetti e le iniziative sull'adozione della lavagna digitale sono:

- gli obiettivi del progetto;
- la provenienza dei finanziamenti;
- i risultati ottenuti dall'uso della lavagna;
- l'impatto sul processo di apprendimento degli studenti;
- l'impatto sul curricolo scolastico;
- la formazione dei docenti.

Le nazioni selezionate sono state scelte in base al criterio della maggior diffusione della lavagna, facendo riferimento a un'analisi di mercato condotta dalla *Decision Tree Consulting* in sessantasei paesi diversi. I paesi scelti sono: Stati Uniti, Canada, Australia e Regno Unito.
Oltre a questi, sono state prese in considerazione Danimarca e Spagna, che, recentemente, hanno sviluppato progetti per l'adozione della lavagna interattiva multimediale nelle scuole, vedendo in essa una tecnologia efficace per perseguire gli obiettivi della strategia di Lisbona.

Stati Uniti

Nell'ambito delle politiche educative degli Stati Uniti sono state avviate alcune azioni di sistema volte a sostenere l'educazione dell'individuo contestualmente al *No Child Left Behind Act* (legge vigente negli Stati Uniti dal 2002). All'interno di questa cornice di riferimento s'inserisce il *National Education Technology Plan* del 2004, un piano specifico per lo sviluppo delle infrastrutture tecnologiche nelle scuole statunitensi, contenente alcune raccomandazioni per la gestione del processo di innovazione. Il piano, indirizzato a Stati, scuole e distretti, offre indicazioni ad ampio raggio: dall'investimento di fondi nella dotazione tecnologica, all'acquisto di software didattico, alla riorganizzazione degli spazi di apprendimento e alle iniziative di formazione e sviluppo professionale per i docenti. L'adozione della LIM si inserisce a pieno titolo negli orientamenti di questo piano, che interpreta le ICT (*Information and Communication Technologies*) come un ponte per l'innovazione dei processi di apprendimento-insegnamento e per una migliore comunicazione tra insegnanti e studenti. Ne è un esempio il progetto *eMINT*, *enhancing **M**issouri's **I**nstructional **N**etworked **T**eaching* (*Strategies*).

IL PROGETTO *eMINT*

Il progetto, nato con il sostegno del *System Office of Academic Affairs* dell'Università del Missouri, ha allestito aule tecnologicamente attrezzate con la LIM per sperimentare modelli di didattica digitale adeguati ai bisogni delle scuole del territorio. Con il coinvolgimento di istituzioni pubbliche dello Stato del Missouri e di consulenti esperti in progettazione didattica e ICT, il progetto ha dato priorità al posizionamento delle lavagne digitali all'interno delle classi, anziché in aule speciali. L'allestimento di questo setting tecnologico ha avuto la finalità di coinvolgere gli studenti nelle attività didattiche, privilegiando modalità di lavoro di gruppo e un approccio di tipo costruttivista, nell'ottica della soluzione di problemi reali e di sviluppo del pensiero critico.

CANADA

Tra le iniziative condotte in Canada, uno degli esempi più significativi è rappresentato dall'attività della *SMARTer Kids Foundation*, organismo patrocinato dall'azienda *SMART Technologies*. Il principale obiettivo della Fondazione è offrire agli studenti e agli insegnanti occasioni di apprendimento e formazione all'uso dei prodotti SMART attraverso bandi di concorso e progetti ricerca-azione. Dal 1998 al 2002, la *SMARTer Kids Foundation* ha promosso e

IL PROGETTO *PARMA COMMUNITY SCHOOL*

La "Parma Community School" si trova in un sobborgo vicino a Cleveland (Ohio), è una scuola K-8 (nel sistema scolastico statunitense un istituto comprensivo che include classi della scuola d'infanzia, della primaria e della secondaria fino ai 13 anni di età). Le classi non contano più di venti studenti. All'interno dell'istituto il laboratorio d'informatica è utilizzato dagli alunni delle elementari e per gli altri studenti la dotazione è di due computer per ogni classe. La LIM è stata collocata all'interno del laboratorio, dove per gli insegnanti risultava difficoltoso integrare le tecnologie all'interno del curricolo.
All'inizio del 2006 in ogni aula è stata introdotta una lavagna utilizzata per i primi tempi solo per alcune materie e in seguito anche per altre. Grazie alla versatilità dello strumento, gli argomenti sono stati affrontati, risvegliando l'interesse dei ragazzi, che alla fine dell'anno sono riusciti a superare brillantemente tutti i test finali.

supportato uno dei primi progetti di sperimentazione didattica con la LIM, diretta a scuole o reti di scuole, che ha consentito la realizzazione dei progetti su temi indicati dalla Fondazione stessa: il curriculum, il *coaching*, le teorie sull'apprendimento, le disabilità. Sul sito http://smarterkids.org è disponibile una ricca documentazione relativa ai progetti. Quello riportato in basso nella pagina precedente è l'esempio di una scuola che ha realizzato il progetto *Parma Community School*, finanziato dalla Fondazione.

AUSTRALIA

Anche in Australia il Governo si è fatto promotore di una serie di azioni sul fronte della scuola, come risposta alle nuove necessità educative degli studenti, conseguenza, a loro volta, dei cambiamenti culturali, sociali ed economici. In questo contesto si inserisce il *National Quality Schooling Framework* (NQSF), un piano nazionale che offre, per le sperimentazioni finanziate, una serie di raccomandazioni nelle gestione del processo di innovazione.
In questo scenario, alcune scuole si sono particolarmente distinte nell'uso della LIM, come la "Richardson Primary School" che nel 2003 ha realizzato il progetto *Whole School Adoption of IWBs*.

IL PROGETTO *WHOLE SCHOOL ADOPTION OF IWBS*

La "Richardson Primary School" è una scuola primaria statale che si trova in un'area socialmente ed economicamente depressa e annovera situazioni di disabilità e problemi di apprendimento. Nel 2002, ha tentato l'introduzione delle ICT nella scuola, sia per rispondere alle indicazioni dei piani nazionali sia per far fronte alle criticità riguardanti la motivazione e l'apprendimento degli studenti.
Il progetto si è mosso su due direttrici: l'allestimento di un setting tecnologico (composto da computer, lavagna digitale e proiettore) in ogni classe e la costituzione di una comunità di esperti che ha lavorato, partendo da una riflessione sui tradizionali programmi scolastici, alla definizione di strategie d'uso della lavagna finalizzate a migliorare gli apprendimenti di base. Le strategie elaborate dall'equipe di esperti hanno rappresentato la base delle metodologie poi perfezionate sul campo dagli insegnanti coinvolti nella sperimentazione, fino alla creazione di una vera e propria nuova pedagogia: l'*e-Teaching*. Notevoli sono stati i risultati sul piano degli apprendimenti e della motivazione degli studenti, rilevati attraverso la somministrazione di test nazionali; gli stessi insegnanti hanno trovato nell'*e-Teaching* l'occasione per appassionarsi nuovamente al proprio ruolo di docenti.

REGNO UNITO

Molto interessante è anche il caso del Regno Unito che da anni persegue l'obiettivo di una scuola tecnologicamente avanzata.
Il Ministero dell'Istruzione britannico ha infatti pianificato considerevoli investimenti nell'acquisto di lavagne interattive, considerandole, assieme ai relativi dispositivi hardware e software e alle infrastrutture di connettività alla rete Internet, un elemento importante per la configurazione di setting tecnologici evoluti e in-

dispensabile per un autentico processo di innovazione della didattica.

Questa composizione tecnologica è stata osservata nel contesto di più progetti, quali *Schools Interactive Whiteboard Expansion*, oppure *Primary Framework for Literacy and Mathematics*. L'esperienza che viene di seguito descritta è quella di una scuola che già dal 2001, grazie al significativo investimento del *Department for Children, Schools and Families* e con l'aiuto concreto dell'autorità locale (LEA – *Local Educational Authority*), ha svolto attività didattiche all'interno di strutture tecnologicamente attrezzate, seguendo la visione del Ministero dell'Istruzione sulla scuola del futuro. La "Millennium Primary School Greenwich" è considerata, infatti, una scuola pionieristica per le scelte fatte sull'impostazione didattico-educativa. L'esperienza ha consentito di:

- osservare la risposta degli insegnanti ai cambiamenti derivanti dai nuovi strumenti;
- verificare i benefici delle ICT nell'apprendimento/insegnamento delle discipline del curricolo;
- verificare la sostenibilità di questa direzione di sviluppo.

Dal nostro punto di vista è interessante notare come vi sia stata sinergia tra l'investimento da parte dell'autorità governativa e del-

Il progetto *MPS*

La "Millennium Primary School" è una nuova scuola costruita nel cuore del Millennium Village, a sud di Londra. Dietro la spinta del *Department for Children, Schools and Families* (www.dcsf.gov.uk) e la collaborazione del *Local Educational Authority* (LEA) si è deciso di spostare la scuola e costruirne una nuova unendo anche la vicina "Annandale Primary School".
Ciò ha dato la possibilità di equipaggiare la nuova scuola con attrezzature tecnologicamente molto avanzate e ripensare l'organizzazione dei programmi e delle attività didattiche. L'attrezzatura è stata selezionata in base alle nuove esigenze didattiche, per aumentare il livello di apprendimento degli alunni attraverso il curricolo e le ICT. Con l'aiuto del *Department for Children, Schools and Families*, le aule sono state attrezzate con:

- computer collegati a Internet;
- computer portatili;
- videocamere;
- scanner;
- connessione veloce (almeno 2 Mbps).

L'autorità locale (LEA) ha provveduto inoltre a dotare ogni classe di una LIM e a fornire la connessione a un fornitore del posto, dotato di uno staff di servizio in grado di risolvere i problemi di natura tecnico-funzionale. Secondo un dettagliato rapporto sulle varie fasi del progetto, reperibile sul sito del BECTA (www.becta.org.uk), l'agenzia governativa per lo sviluppo e la gestione dell'innovazione tecnologica nella didattica, i risultati sono stati ampiamente positivi.

l'autorità locale e come questa sinergia abbia dato una positiva ricaduta sul progetto. La possibilità di attrezzare un'intera scuola e di poter coniugare il curricolo con le potenzialità della tecnologia rappresenta un'opportunità per ripensare globalmente l'attività didattica e per verificare come le tecnologie siano strumenti base e non aggiuntivi.

DANIMARCA

Dal 2003 la LIM si è diffusa nelle scuole come tecnologia didattica anche in Danimarca.
Anziché avviare un'iniziativa centralizzata, il Ministero dell'Istruzione danese ha definito, a partire dal 2006, forme di cofinanziamento per le scuole che decidono di dotarsi di questa tecnologia.

IL PROGETTO *ITIF*

L'agevolazione all'acquisto ha funzionato da incentivo per la diffusione della LIM nelle scuole danesi. *ITIF*, l'iniziativa che ha pianificato l'erogazione dei finanziamenti, prevede che entro il 2008, anno di conclusione del progetto, le scuole danesi che si sono dotate della LIM siano coinvolte in una valutazione tesa a evidenziare l'impatto e i benefici prodotti dall'uso di questa tecnologia educativa. Con questa forma di cofinanziamento il governo danese dà seguito alle raccomandazioni scaturite dal Summit europeo del 2001, in particolare laddove si invita a destinare fondi per promuovere lo sviluppo e la diffusione dell'*e-learning*.

SPAGNA

Fin dal 2001 il Governo centrale ha avvertito l'urgenza di favorire l'utilizzo delle nuove tecnologie per poter rispondere agli obiettivi di Lisbona nel loro complesso. Gran parte dell'investimento è stato riservato alle scuole, i "centros educativos", attraverso azioni come *Internet en la Escuela* e *Centros educativos piloto* che, fra il 2003 e il 2005, hanno sostenuto una fase di introduzione delle tecnologie nella scuola. Al termine di questo primo step, nel novembre 2005, il Consiglio dei Ministri ha varato *El plan avanza*, una strategia che prevede il consolidamento delle iniziative di integrazione delle tecnologie nel processo educativo, attraverso l'investimento sull'infrastruttura, sulla dotazione d'aula – in cui trova ampio spazio la lavagna digitale – e sulla comunicazione alle famiglie. Dal momento che la Spagna è divisa in comunità regionali autonome, gli enti locali hanno sviluppato in piena autonomia le indicazioni di indirizzo generale che provengono dal governo centrale, dando vita a una numerosissima serie di iniziative.
Particolarmente interessanti sono le iniziative realizzate dalle scuole facenti parte della "Red de Centros Educativos Avanzados", la rete,

trasversale alle diverse comunità autonome, costituita dai centri educativi che sono caratterizzati da un uso avanzato delle tecnologia.

Il progetto *C.R.A. Cinca-Cinqueta*

Il *Colegio Rural Agrupado* (C.R.A.), nella regione di Aragona, è composto da 18 docenti e 86 studenti, ed è dotato di 13 computer per i docenti, 10 per gli studenti, 12 proiettori e 8 lavagne digitali su un totale di 12 aule, oltre alla copertura WiFi (*Wireless Fidelity*). La tecnologia è utilizzata non solo per migliorare i processi didattici, ma anche per risolvere le difficoltà di isolamento geografico che caratterizzano la scuola, situata nel cuore dei Pirenei.

Il progetto del *C.E.I.P. José María de Pereda*

Il centro "El C.E.I.P. José María de Pereda", comprendente scuola dell'infanzia e primaria, è collocato nel centro della Cantabria. La scuola è composta da 31 docenti e 408 studenti ed è dotata di 13 computer portatili, 13 proiettori, 13 lavagne digitali, 15 tablet PC, rete WiFi, 2 server e 1 piattaforma della scuola.
La tecnologia in questa scuola è utilizzata, oltre che per l'apprendimento del curricolo, anche per potenziare la relazione tra studenti, tra studenti e docenti e tra scuola e famiglia.

Biblio-sitografia - *capitolo 4*

Department for Education and Skills, http://www.dfes.gov.uk (consultato il 18 settembre 2008).
Department of Education, http://www.ed.gov (consultato il 18 settembre 2008).
Department of Education, Science and Training, http://www.dest.gov.au (consultato il 18 settembre 2008).
EdNA Australia http://www.edna.edu.au (consultato il 18 settembre 2008).
Red Centros Avanzado TIC, http://www.centrosavanzadostic.es (consultato il 18 settembre 2008).
Richardson Primary School, http://www.richardsonps.act.edu.au/interactive_whiteboard_initiative (consultato il 18 settembre 2008).
Smart Foundation, http://smarttech.com (consultato il 18 settembre 2008).

BIBLIOGRAFIA GENERALE

Studi e ricerche sulla Lavagna Interattiva Multimediale

Armstrong V., Barnes S., Sutherland R., Curran S., Mill S., Thompson I., *Collaborative research methodology for investigating teaching and learning: the use of interactive whiteboard technology*, in «Educational Review», *57*, Taylor & Francis Group, 2005.

Balanskat A., Blamire R., Kefala S., *The ICT Impact Report. A review of studies of the ICT impact on Schools in Europe,* European Schoolnet, 2006.

Beauchamp G., Parkinson J., *Beyond the "wow" factor: Developing interactivity with the interactive whiteboard*, in «School Science Review», *86*, *316*, 2005, Association For Science Education.

Becta, *What Research says about interactive whiteboard*, Becta Research Reviews, 2003, http://www.virtuallearning.org.uk/2003research/Becta_research_paper.pdf (ultima visita del 18 settembre 2008).

Beeland W. D. jr., *Student Engagement, Visual Learning and Technology: Can Interactive Whiteboards Help?*, 2002, http://chiron.valdosta.edu/are/Artmanscrpt/vol1no1/beeland_am.pdf (ultima visita del 18 settembre 2008).

Biondi G., *Dall'ardesia alla lavagna digitale*, in «IR: Innovazione e Ricerca», nov. 2006, dic. 2006, http://www.indire.it/content/index.php?action=read&id=1433.

Cogill J., *How is Interactive Whiteboard being used in the primary school and how does it affect teachers and teaching*, www.virtuallearning.org.uk/whiteboards/IFS_Interactive_whiteboards_in_the_primary_school.pdf (ultima visita del 18 settembre 2008).

Cuéllar R. V., *La pizarra digital. La enseñanza del futuro*, in «Revista digital Investigatione y Educacion», *ISSN 1696-7208*, *16*, 2005.

Cuthell J., *Virtual Learning. How do Interactive Whiteboards Enhance Learning*?, Virtual Learning, http://www.virtuallearning.org.uk/whiteboards/Learning_theories.pdf (ultima visita del 18 settembre 2008).

DIM UAB, *La pizarra digital interactiva*, Grupo DIM UAB, 2006, http://dewey.uab.es/pmarques/pdigital/es/investig.htm (ultima visita del 18 settembre 2008).

Elvers G. C., *The Digital Whiteboard As a Notes-Taking Aid*, University of Dayton, 2000, http://smarterkids.org/research/paper1.asp (ultima visita del 18 settembre 2008).

Glover D., Miller D., Averis D., Door V., *The evolution of an effective pedagogy for teachers using the interactive whiteboard in mathematics and modern languages: an empirical analyses from the secondary sector*, in «Learning, Media and Technology», *32*, *1*, 2007, Routledge, Taylor and Francis, pp. 5-20.

Haldane M., *Interactivity and the digital whiteboard: weaving the fabric of learning*, in «Learning Media and Technology», *32*, *3*, 2007, pp. 257-270.

Higgins S., Falzon C., Hall I., Moseley D., Smith F., Smith H., Wall K., *Embedding ICT in The Literacy and Numeracy Strategies: Final Report. Centre for Learning and Teaching, School of Education*, Communication and Language Sciences, University of Newcastle upon Tyne, Newcastle, 2005, http://partners.becta.org.uk/page_documents/research/univ_newcastle_evaluation_whiteboards.pdf (ultima visita del 18 settembre 2008).

Marquès P., Casals P., *La pizarra digital en el aula de clase. Una de las 3 bases tecnológicas de la escuela del futuro*, 2002, http://dewey.uab.es/pmarques/pizarra2.doc (ultima visita del 18 settembre 2008).

Melchor G., *La pizzarra digital*, CNICE - Observatorio Tecnologico, 2005, http://observatorio.cnice.mec.es/modules.php?op=modload&name=News&file=article&sid=232&mode=thread&order=0&thold=0 (ultima visita del 18 settembre 2008).

Miller D. J., Glover D., *Missioners, Tentatives and Luddites: leadership challenges for school and classroom posed by the introduction of interactive whiteboards into schools in the United Kingdom*, Department of Education, University of Keele, Staffordshire, U.K, 2001, http://www.keele.ac.uk/depts/ed/iaw/Missioners.pdf (ultima visita del 18 settembre 2008).

Moss G., Jewitt C., Levaaic R., Armstrong V., Cardini A., Castle F., *The Interactive Whiteboards, Pedagogy and Pupils Performance Evaluation*, Department of Education and Skills, 2007, http://www.dfes.gov.uk/research/data/uploadfiles/RR816.pdf (ultima visita del 18 settembre 2008).

Odic L., Richard D. (a cura di), *Bilan de l'opération "Usages de tableaux blancs interactifs dans l'enseignement primaire"*, MENESR – Direction de la Technologie – SDTICE, 2005.

Painter D., Whiting E., Wolters B., *The Use of an Interactive Whiteboard in Promoting Interactive Teaching and Learning*, in «VSTE Journal» Spring/Summer 2005, *19*, *2*. Presented at the VSTE Conference, March 14, 2005.

Rapporto OCSE, *The New Millenium Learners: Challenging our Views on ICT and Learning*, http://www.oecd.org/dataoecd/1/1/38358359.pdf.

Red. es, *La pizarra interactiva come recurso en el aula*, Red. es, 2006, http://web.educastur.princast.es/proyectos/cuate/docum/pdi_redes.pdf (ultima visita del 25 maggio 2007).
Smith F., Hardman F., Higgins S., *The impact of interactive whiteboards on teacher-pupil interaction in the National Literacy and Numeracy Strategies*, in «British Educational Research Journal», *32*, *3*, June 2006, Routlegde Taylor & Francis, pp. 443–457.
Smith H., Higgins S., Wall K., Miller J., *Interactive whiteboards: boon or bandwagon*, in «Journal of Computer Assisted Learning», *21*, 2005, Blackwell Publishing, pp. 91-101.
Wall K., Higgins S., Smith H., *The visual helps me understand the complicated things: pupil views of teaching and learning with interactive whiteboards*, in «British Journal of Educational Technology», *36*, *5*, 2005, pp. 851-867.
Warren C., *Interactive whiteboard. An approach to an effective methodology*, Actis Ltd., 2002.

Sitografia

Agence nationale des usages des TICE, http://www.usages-tice.cndp.fr/accueil.asp (ultima visita del 19 settembre 2008).
Agenzia per lo Sviluppo dell'Autonomia Scolastica, http://www.indire.it (ultima visita del 19 settembre 2008).
@pprendere digitale (2005-2006), http://www.pubblica.istruzione.it/innovazione/progetti/prot416_06apprendere_digitale.shtml#allegati (ultima visita del 18 settembre 2008).
Becta, http://www.becta.org.uk/ (ultima visita del 19 settembre 2008).
Department for Education and Skills, http://www.dfes.gov.uk (ultima visita del 18 settembre 2008).
Department of Education, http://www.ed.gov (ultima visita del 18 settembre 2008).
Department of Education, Science and Training, http://www.dest.gov.au (ultima visita del 18 settembre 2008).
DiGiscuola (2006-2008), http://www.digiscuola.it/digiscuola (ultima visita del 18 settembre 2008).
EdNA Australia, http://www.edna.edu.au (ultima visita del 18 settembre 2008).
ForTIC (2002-2004), http://www.pubblica.istruzione.it/innovazione/progetti/allegati/linee_guida.pdf (ultima visita del 18 settembre 2008).
ForTIC2 (2005-2008), http://www.pubblica.istruzione.it/innovazione/progetti/tic_05.shtml (ultima visita del 18 settembre 2008).
Gold – Le migliori pratiche della scuola italiana, http://gold.indire.it/nazionale (ultima visita del 18 settembre 2008).
Progetto School Suite: http://provvbo.scuole.bo.it/servizitecnici/lavagne.
PSTD (1997-2000), http://www.fnada.it/Norme/OLD/cm282-97.htm (ultima visita del 18 settembre 2008).
Rassegna Scuola 8.0: http://scuola8.scuole.bo.it.
Red Centros Avanzado TIC, http://www.centrosavanzadostic.es (ultima visita del 18 settembre 2008).
Richardson Primary School, http://www.richardsonps.act.edu.au/interactive_whiteboard_initiative (ultima visita del 18 settembre 2008).
Scuola Digitale – Lombardia, http://scuoladigitale.cefriel.it (ultima visita del 19 settembre 2008).
Scuola 8.0 Lavagne Interattive Multimediali per la Didattica, http://scuola8.scuole.bo.it (ultima visita del 19 settembre 2008).
SLIM4DIDA *Supporto all'introduzione di Lavagne Interattive Multimediali per la DIDAttica*, http://latemar.science.unitn.it/wiki_lavagne/index.php/SLIM4DIDA (ultima visita del 19 settembre 2008).
Teachers.tv, http://www.teachers.tv.

Risorse per la didattica con la LIM

E -Riding Whiteboard Resources from the Internet, http://www.eriding.net/ict/iwb_resources_sites.shtml (ultima visita del 19 settembre 2008).
Giochi on-line, www.disney.it, www.giochigratisonline.it, www.flashgames.it.
Interactive Whiteboard Resources, http://www.iwb.org.uk (ultima visita del 19 settembre 2008).
Standards Site – Department for children, school and families, http://www.standards.dfes.gov.uk (ultima visita del 19 settembre 2008).

Bibliografia

Anichini A., *Testo scrittura editoria multimediale*, Apogeo, Milano, 2003.
Anichini A., *Dal libro al multimedia*, in F. Cambi, L. Toschi (a cura di), *La comunicazione formativa*, Apogeo, Milano, 2006.
Antinucci F., *La scuola si è rotta*, Laterza, Bari, 2001.
Bandura A., *Autoefficacia, Teoria e Applicazioni*, Erickson, Trento, 2000.
Biondi G., *La scuola dopo le nuove tecnologie*, Apogeo, Milano, 2007.
Boldizzoni D., Nacamulli R., *Oltre l'aula*, Apogeo, Milano, 2004.
Bolter J. D., *Lo spazio dello scrivere*, Vita e Pensiero, Milano, 1993.
Bolter J. D., Grusin R., *Remediation*, Guerini e Associati, Milano, 2003.

Bronfenbrenner U., *The Ecology of Human Development*, Harvard University Press, Cambridge, MA, 1979.
Carlini F., *Lo stile del web. Parole e Immagini nella Comunicazione di rete*, Einaudi, Torino, 1999.
Cerri R., *Saperi disciplinari e mediazione tecnologica*, in «Formare», 2005, http://formare.erickson.it/archivio/maggio_05/1_CERRI.html (ultima visita del 20 settembre 2008).
CISCO Systems Inc, *Multimodal Learning Through Media: what the Research Says*, White paper, by Metiri Group, http://www.cisco.com/web/strategy/docs/education/Multimodal-Learning-Through-Media.pdf (ultima visita del 18 maggio 2008).
Csikszentmihalyi M., *Flow. The Psychology of Optimal Experience*, Harper&Row, New York, 1990.
Dede C., *Planning for Neomillennial Learning Styles*, in «Educause Quartely», *28*, *1*, 2005., http://www.educause.edu/pub/eq/eqm05/eqm0511.asp (ultima visita del 20 settembre 2008).
Dewey J., *Experience and education*, Collier-Macmillan, London, 1938, <http://www.educause.edu/pub/eq/eqm05/eqm0511.asp> (ultima visita del 20 settembre 2008).
Ferri P., *La rivoluzione digitale. Comunità, individuo e testo nell'era di Internet*, Mimesis, Milano, 1999.
Gardner H., *Formae Mentis*, Feltrinelli, Milano, 1987.
Gardner H., *Cinque chiavi per il futuro*, Feltrinelli, Milano, 2007.
Garrand T., *Writing for multimedia*, Focal Press, Burlington, MA, 2000.
Hass C., *Writing Technology*, Lawrence Erlbaum Associates, Hillsdale, N.J., 1995.
Illich I., *La vigna del testo*, Cortina, Milano, 1994.
Jonassen D. H., Peck K. L., Wilson B. G., *Learning with technologies. A constructivistic perspective*, Merrill-Prentice Hall, Hupper Saddler River, N.J., 1999.
Liang H. N., *Interactivity of visual mathematical representation: factors affecting learning and cognitive processes*, in «Journal of Interactive Learning Research», Jun 22, 2006, http://www.thefreelibrary.com/Interactivity+of+visual+mathematical+representations:+factors...-a0145516497 (ultima visita del 20 settembre 2008).
Maragliano R., *Parlare le immagini, Punti di vista*, Apogeo, Milano, 2008.
Maragliano R., *Nuovo manuale di didattica multimediale*, Laterza, Roma-Bari, 2004.
Mayer R. E., *Multimedia Learning*, Cambridge University Press, New York, 2001.
Mc Courduck P., *How we knew, how we know, how we will know*, in M. Ricciardi (a cura di), *Oltre il testo gli ipertesti*, Franco Angeli, 1994.
Milani Don Lorenzo, *Lettera a una professoressa*, Libreria Editrice Fiorentina, Firenze, 1967.
Munari B., *Design e comunicazione visiva*, Laterza, Roma-Bari, 1994.
Norman D. A., *Le cose che ci fanno intelligenti*, Feltrinelli, Milano, 1995.
Norman D. A., *La caffettiera del masochista*, Giunti, Firenze, 2005.
Oostendorp H. Van, *Cognition in a Digital World*, Lawrence Erlbaum Associates, Hillsdale, N.J., 2003.
Paivio A., *Imagery and verbal processes*, Lawrence Erlbaum Associates, Hillsdale, N.J., 1986.
Pontecorvo C., Ajello A. M., Zucchermaglio C., *I contesti sociali dell'apprendimento*, LED, Milano, 1995.
Prensky M., *Digital Natives, Digital Immigrants*, in «On the Horizon», *9*, *5*, 2001, NCB University Press, http://www.marcprensky.com/writing/Prensky - Digital Natives, Digital Immigrants – Part1.pdf (ultima visita del 20 settembre 2008).
Raskin J., *Interfacce a misura d'uomo*, Apogeo, Milano, 2003.
Recchia A. R., *Biancaneve e i sette cani. Un'esperienza di scrittura collaborativa*, Seneca Edizione, Torino, 2005.
Riccò D., *Per una comunicazione centrata sul soggetto*, in «Musica Domani», *111*, 1999, http://www.sinestesie.it/presentazione/Dina/Ricco1999-MD.pdf (ultima visita del 18 maggio 2008).
Scaletta D., *Le metamorfosi della scrittura*, La Nuova Italia, Firenze, 1992.
Sedighian K., Klawe M., Westrom M., *Role of interface manipulation style and scaffolding on cognition and concept learning in learnware*, in «ACM Transactions on Computer-Human Interaction (TOCHI)», *8*, *1*, 2001, pp. 34-59.
Silverstone R., *Perché studiare i media*, Il Mulino, Bologna, 2002.
Talamo A., *Apprendere con le nuove tecnologie*, La Nuova Italia, 2000, Milano.
Tonfani G., *Writing As a Visual Art*, Intellect Books, Bristol, 2000.
Trend D., *Reading Digital Culture*, Blackwell Publishing, Madden, MA, 2001.
Varisco B. M., *Costruttivismo socio-culturale*, Carocci, Roma, 2002.

Indice